消费类虚拟社区顾客公民行为研究

张玉红　著

中国财富出版社

图书在版编目（CIP）数据

消费类虚拟社区顾客公民行为研究/张玉红著．—北京：中国财富出版社，2014.10
ISBN 978-7-5047-5408-0

Ⅰ.①消…　Ⅱ.①张…　Ⅲ.①消费者行为论—研究　Ⅳ.①F713.55

中国版本图书馆 CIP 数据核字（2014）第 242768 号

策划编辑　郑欣怡　　**责任印制**　何崇杭
责任编辑　戴海林　孙妍峰　　**责任校对**　饶莉莉

出版发行　中国财富出版社
社　　址　北京市丰台区南四环西路 188 号 5 区 20 楼　　**邮政编码**　100070
电　　话　010-52227568（发行部）　010-52227588 转 307（总编室）
　　　　　010-68589540（读者服务部）　010-52227588 转 305（质检部）
网　　址　http://www.cfpress.com.cn
经　　销　新华书店
印　　刷　北京京都六环印刷厂
书　　号　ISBN 978-7-5047-5408-0/F·2256
开　　本　710mm×1000mm　1/16　　**版　　次**　2014 年 10 月第 1 版
印　　张　11.75　　**印　　次**　2014 年 10 月第 1 次印刷
字　　数　230 千字　　**定　　价**　32.00 元

前 言

无论是在传统环境中还是在互联网环境下，企业营销的目的和核心都是建立和维系持久的顾客关系。与传统商业环境相比，互联网为企业提供了与顾客直接交互的机会和能力，拉近了企业与顾客之间的距离。但是，互联网也同时最大限度地降低了顾客在网络环境中的注意力和忠诚度。在网络环境下，企业培育忠诚顾客的目标变得更加难以实现。

虚拟社区的出现和发展，为企业在互联网环境下建立和维系持久的顾客关系提供了一个有效的途径。越来越多的企业通过自建消费类虚拟社区或借助第三方消费类虚拟社区来加强自身与顾客之间的关系。但是，作为以 Web2.0 为技术支撑的一种互联网应用，消费类虚拟社区与其他类型的虚拟社区一样具有开放性和自组织性，社区对顾客是否参与社区、参与社区的程度以及顾客在社区中的行为缺乏控制力。因此，至目前为止，企业在借助虚拟社区管理顾客关系的实践中，尚未找到切实有效的方法。

在理论研究领域，目前学者们对虚拟社区环境下顾客行为的探讨主要集中于顾客参与行为、鼠碑行为和知识共享行为。尽管这些相关研究为企业的虚拟社区管理实践提供了一定的理论支持，但是，由于上述概念的内涵要么过于宽泛，包含了顾客在社区中的所有行为；要么过于狭窄，只反映了顾客在社区中的个别行为，因此，从企业管理顾客关系、培育忠诚顾客的角度来讲，现有的虚拟社区顾客行为研究还尚未找到一个合适的切入点。顾客公民行为是顾客主动自愿做出的对企业有益的一种行为，可以为企业通过虚拟社区管理顾客行为、发展顾客关系提供有益的启示。但是目前，这一概念还尚未引起虚拟社区顾客行为研究领域的关注，同时，现有的顾客公民行为研究也忽略了互联网虚拟社区这一重要的研究情境。以此为背景，本书在消费类虚拟社区情境下，以现有的顾客公民行为研究为基础，借鉴已有的虚拟社区顾客参与行为、鼠碑行为和知识共享行为相关研究，以虚拟社区顾客公民行为为核心概念，开展了三个阶段的研究工作。

首先，本书在消费类虚拟社区情境下界定了虚拟社区顾客公民行为的概念并开发了相应的测量量表。在文献回顾和定性访谈的基础上，将虚拟社区顾客公民行为定义为虚拟社区成员主动自愿做出的对虚拟社区有益的行为。借鉴组织公民行为的“多焦点”研究方法，本书首先将虚拟社区顾客公民行为按照指向和直接受益对象的不同区分为两类：CCBO 和 CCBI。其中，CCBO 代表指向虚拟社区并直接对虚拟社区有益的顾客公民行为；CCBI 代表指向社区其他成员，直接对社区其他成员有益并间接对虚拟社区有益的顾客公民行为。结合文献回顾和定性访谈的结果，本书在消费类虚拟社区情境下，识别出虚拟社区顾客公民行为的 7 个维度，其中，指向虚拟社区的顾客公民行为（CCBO）包括 4 个维度，分别是拥护、反馈、宽容和监督；指向社区其他成员的顾客公民行为（CCBI）包括 3 个维度，分别是求助回应、分享和支持。本书利用消费类虚拟社区访问者样本数据，开发了包括上述 7 个维度的虚拟社区顾客公民行为测量量表，检验结果表明该量表具有很好的信度和效度。

其次，在上述量表开发的基础上，基于社会交换理论、关系营销理论和自我决定理论，本书构建了虚拟社区顾客公民行为的前因理论模型，并以社会认知理论为基础检验了自我效能感在两类不同指向的顾客公民行为（CCBO 和 CCBI）与其前因变量之间的调节作用。其中，CCBO 的前因包括社区满意、社区信任和感知社区支持；CCBI 的前因包括互惠动机、声誉动机、兴趣动机和利他动机。分析结果表明，在 CCBO 的前因中，社区满意对 CCBO 的影响作用最强，感知社区支持的影响次之，而社区信任的影响作用则表现为不显著；在 CCBI 的前因中，互惠动机的影响作用最强，兴趣动机和利他动机次之，而声誉动机的影响作用不显著。调节作用方面，自我效能感显著调节社区满意和感知社区支持对 CCBO 的影响，自我效能感对社区信任与 CCBO 之间关系的调节作用不显著；自我效能感显著调节互惠动机、声誉动机、兴趣动机和利他动机对 CCBI 的影响作用，其中自我效能感显著负向调节声誉动机与 CCBI 之间的关系。

最后，本书以关系营销理论为基础，对虚拟社区顾客公民行为对顾客社区黏性倾向的影响进行了研究并进行了实证检验。结果表明，在消费类虚拟社区中，两类不同指向的顾客公民行为（CCBO 和 CCBI）对顾客的社区黏性倾向均具有重要的影响作用。

本书研究的创新点是：①以现有文献和消费者定性访谈结果为基础，在消费类虚拟社区情境下界定了虚拟社区顾客公民行为的概念，并基于消费类虚拟社区访问者样本开发了具有良好信度与效度的虚拟社区顾客公民行为测量量表；②以社会交换理论、关系营销理论和自我决定理论为基础，在消费类虚拟社区研究情境下，探查出两类不同指向的顾客公民行为（CCBO 和 CCBI）具有不同的前因，并分别进行了实证检验；③以社会认知理论为基础，提出并验证了自我效能感对两类不同指向的顾客公民行为（CCBO和CCBI）与其前因变量之间的关系具有调节作用。此外，本书还构建并检验了两种指向的虚拟社区顾客公民行为对顾客虚拟社区黏性倾向的影响。

张玉红

2014年6月

目 录

1 绪 论

1.1 研究背景

1.1.1 现实背景

2005年前后，Web2.0技术在国内互联网领域兴起，随之而来的是虚拟社区成为互联网发展的焦点。据艾瑞咨询的研究报告显示，截至2009年年底，国内互联网领域的300多万家独立网站，大部分都已建立自己的独立社区，互联网进入虚拟社区时代。

与其他互联网应用相比，虚拟社区具有独特的商业价值。Web2.0技术支撑的虚拟社区使得陌生的消费者之间第一次实现了互动沟通，越来越多的消费者在购物前或使用产品后通过虚拟社区与其他消费者交流产品或服务的相关信息。随着消费者消费方式的改变，企业日益感受到虚拟社区在企业经营和顾客关系管理中的重要作用。有研究显示，拥有虚拟社区的企业网站可以将消费者的访问量提高50%，将消费者在网站停留的时间延长30%，将消费者的在线购买率提高41%。显然，对于互联网环境下正面临着顾客忠诚难以建立窘境的企业来说，虚拟社区无疑提供了一个维系顾客关系的有效途径。随着虚拟社区的商业价值不断被企业发现，目前在国内互联网领域，几乎所有的电子商务网站和企业网上商城均建有自己的虚拟社区，未开展网上商城业务的企业也纷纷借助第三方门户网站或社区平台的产品社区开展网络营销活动。这些围绕企业、产品或服务、购物经历等消费话题建立起来的虚拟社区通常称为消费类虚拟社区。国内著名的消费类虚拟社区，如淘宝网消费者社区、网易产品社区、中关村在线论坛、爱卡汽车论坛、李宁网上商城社区等。

但是，Web2.0技术支撑的虚拟社区的另一个重要特征是“自组织性”，消费类虚拟社区也不例外，顾客是社区内容的发布者和创造者，是虚拟社区的主角，没有了顾客对社区的参与，社区也就名存实亡。因此，努力激发顾客参与虚拟社区，积极地为社区贡献内容是目前企业消费类虚拟社区经营的一个重要目标。但是，由于顾客访问消费类虚拟社区的目的是与其他顾客交流以获得或传递有关企业、产品的真实信息，因此，顾客在消费类虚拟社区中的参与行为有时是有利于社区的，如帮助其他顾客解决产品或服务使用中遇到的问题；有时则是不利于社区的，如向社区中的其他顾客传递社区的负面口碑。消费类虚拟社区的"自组织性"决定了企业缺乏对社区中顾客行为的控制力。面对顾客的负面行为，简单地通过删帖来解决问题，只能使顾客对虚拟社区产生反感，结果是，要么引起顾客更多的负面行为，要么导致顾客离开社区。因此，如何才能有效地管理消费类虚拟社区中的顾客行为是企业面临的一个主要问题。

目前，企业为了激发顾客对虚拟社区的积极参与，普遍采用的做法是通过设立积分制度、等级系统或采用置顶精华帖的方式，鼓励社区中的顾客更多地发帖，为社区贡献内容。但是，这些措施大多只能增加顾客的发帖数量，却无法控制顾客的发帖内容，换句话说，企业的这些激励方法带来的顾客行为可能是对社区有益的，也可能是对社区不利的。如何促使顾客更多地做出有益于社区的行为，是企业在目前的虚拟社区经营管理中尚无法解决的问题。

要引导顾客的行为向着有益于社区的方向发展，企业需要解决以下三个问题：①顾客做出的有益于社区的行为是什么，有哪些具体的表现形式；②顾客为什么做出这些行为，受到哪些因素的影响；③这些有益的顾客行为对社区或企业的有益影响具体是什么。

显然，从理论层面对上述问题做出回答，将可以为企业在消费类虚拟社区经营管理中识别顾客的有益行为，并采取有效的激励措施激发顾客更多地做出这些行为提供有力的理论指导。

1.1.2 理论背景

与现实中企业面临的困惑一样，学术研究领域针对虚拟社区环境中的顾客行为所展开的研究，也尚未从"有益于虚拟社区的角度"寻找到合适的研究切入点。

至今为止，学者们主要对虚拟社区中的顾客参与行为、鼠碑行为和知识共享行为给予了广泛的关注并进行了相对深入的探讨。虚拟社区顾客参与是一个内涵比较宽泛的概念，包含了顾客在虚拟社区中的所有行为，如访问社区、浏览社区内容、使用社区服务、搜寻信息、提供信息等，甚至也包括破坏社区秩序或规则

的行为。过于宽泛的内涵使得虚拟社区顾客参与概念难以提供对虚拟社区顾客行为的细致洞察，此外，同时包含顾客对社区有利的行为和不利的行为，也不利于社区管理者在实践中加以操作。鼠碑是相对于传统口碑提出的一个概念，指的是顾客通过互联网做出的关于产品或企业的正向的或负向的评价。与虚拟社区顾客参与概念内涵过于宽泛相反，鼠碑的概念内涵相对狭窄，只反映了顾客的正面或负面的评价行为。显然，顾客的鼠碑行为也是既可能对社区有利，也可能对社区不利。虚拟社区知识共享行为指的是虚拟社区成员将自己拥有的知识、经验贡献于社区中以使他人能够获得和共享这些知识和经验。相对来说，虚拟社区知识共享概念能够比鼠碑概念涵盖更多的个体行为，并且也可以避免顾客参与行为概念过于宽泛的问题，但是，在消费类虚拟社区中，顾客做出的对社区有益的行为不仅限于顾客在彼此之间共享知识，顾客正面的口碑以及为社区提出建设性建议的行为也都对社区有益。此外，知识共享这一概念名词是对组织知识创新研究的直接借鉴，缺乏对顾客行为的反映。实际上，至今为止，有关虚拟社区知识共享的研究多数都是在与职业相关的实践型虚拟社区中进行的。因此，以知识共享这一概念名词来表述虚拟社区中的顾客行为也是不适当的。综上所述，我们可以看出，虚拟社区环境下的顾客行为表现多样而复杂，很难以一概之，从消费类虚拟社区顾客行为管理的角度出发，亟须找到一个合适的研究切入点。

顾客公民行为是营销领域借鉴组织行为文献对员工组织公民行为的研究提出的一个概念。在组织行为研究中，组织公民行为通常描述的是，员工在没有具体可见的回报或利益的情况下，自觉自愿采取的各种有利于组织的行为，并且随着做出这类行为的员工数量的增多以及时间的推移，将从整体上提高组织的效能。20 世纪 90 年代中后期，组织公民行为研究开始引起营销领域的关注。Gruen（1995）提出，顾客也具有和组织员工类似的公民行为，并将顾客的公民行为（Citizenship Behavior，CB）定义为顾客做出的、被组织所欣赏或认为有价值的，与顾客角色要求没有直接关系的、对组织有帮助的建设性行为。从顾客公民行为的定义中，我们可以明显地看出，这类顾客行为的一个突出特征就是对企业有益。在消费类虚拟社区中，顾客彼此之间分享信息、交流彼此的消费经验，相互帮助解决各自在消费中遇到的问题，并为虚拟社区的服务改进提出建议，这些行为都对虚拟社区有益，都可以看做一种顾客公民行为。可见，从顾客公民行为的角度探查虚拟社区中的顾客行为，显然可以为现有的虚拟社区顾客行为研究提供有益的启示。

现有的顾客公民行为研究对互联网线下环境给予了充分的关注，但是，忽略了对互联网尤其是虚拟社区情境下顾客公民行为的探查。Bettencourt（1997）、

Bove 等（2009）和 Yi、Gong（2012）等多位学者分别在零售店、餐厅、药房、理发店、旅行社等多种服务情境下界定了顾客公民行为的概念并开发了相应的测量量表，但是，至今为止，只有 Groth（2005）的研究是在 B2C 购物商城情境下进行的，尚未有学者在虚拟社区环境下探查顾客公民行为的维度构成并开发相应的测量量表。此外，尽管现有的顾客公民行为研究对顾客公民行为的前因给予了充分的关注并进行了相对深入的探讨，但是，到目前为止，对顾客公民行为前因的研究也多是在互联网线下环境中进行的，并且很大程度上是对组织公民行为相关研究的直接借鉴，试图检验员工组织公民行为的前因因素也同样会对顾客公民行为产生影响，缺乏对顾客因与员工角色不同以及与企业之间关系的差异而产生的不同的行为动机的探查。再者，尽管大多数顾客公民行为的研究者都认为顾客公民行为是对企业有帮助的行为，但是，对于顾客公民行为能够为企业带来怎样的有益的结果却给予了较少的关注，相关的实证研究几乎空白。

正是基于上述对企业实践中亟待解决的问题以及相关领域学术研究缺口的讨论，本书拟以消费类虚拟社区作为研究情境，以顾客公民行为作为核心概念，探讨虚拟社区情境下顾客公民行为的概念内涵及其构成，并在消费类虚拟社区情境下探查顾客公民行为的前因以及对虚拟社区产生的具体影响。我们希望，通过本书的研究，一方面可以丰富顾客公民行为在互联网环境中的相关研究，另一方面也可以为企业在消费类虚拟社区中的顾客行为管理提供有益的理论参考和指导。

1.2 研究内容与研究范围

1.2.1 研究内容

通过上述对研究背景的阐述可以看出，在实践中，从顾客公民行为的角度深入探查虚拟社区中的顾客行为，对企业利用虚拟社区开展营销活动、管理顾客关系具有至关重要的意义；在理论上，有关虚拟社区中的顾客公民行为尚未引起学术研究的关注。因此，以已有的研究为基础，本书从顾客视角出发，以顾客在消费类虚拟社区中表现出的顾客公民行为作为核心概念展开研究。具体来讲，主要有以下四个方面的研究内容和任务（见图 1－1）。

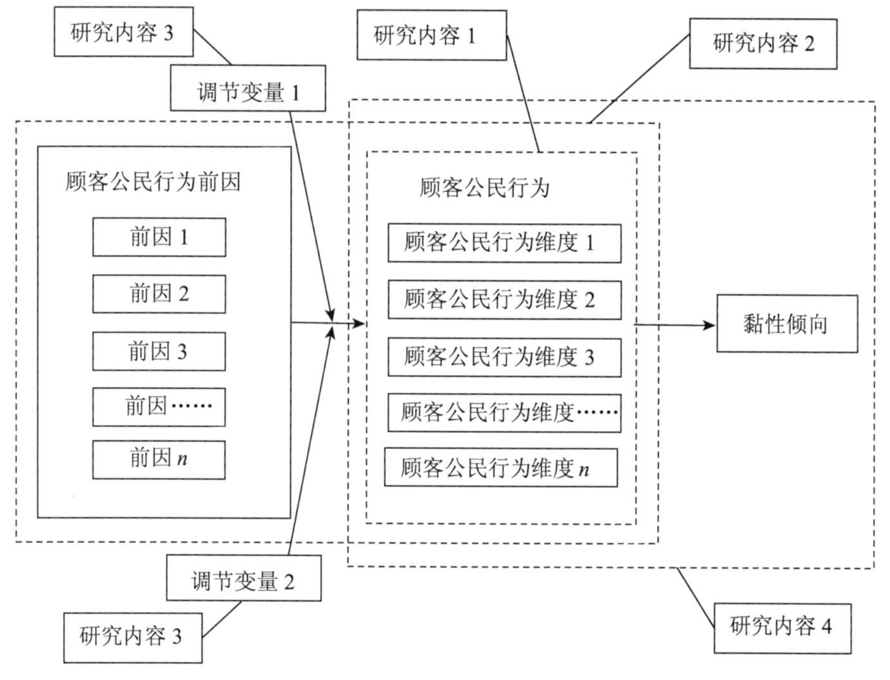

图 1-1 概念性研究框架

1. 虚拟社区顾客公民行为的概念界定及其测量量表开发

明确清晰的概念内涵和构成是每一项研究的基础，对概念的准确界定，其本身就是一项重要的理论研究工作。如前所述，无论是虚拟社区环境中的顾客行为相关研究，还是顾客公民行为研究，都忽略了对虚拟社区情境下顾客公民行为的探查，尚未有学者在互联网虚拟社区情境下对顾客公民行为这一概念进行界定与测量。此外，从虚拟社区管理实践的角度来说，界定清晰的顾客公民行为概念和构成维度，有利于虚拟社区管理者对顾客公民行为的识别，从而能够将顾客公民行为与顾客的其他虚拟社区参与行为区别开来。

2. 探查虚拟社区顾客公民行为的前因

无论是组织公民行为理论对员工组织公民行为的研究，还是借鉴组织公民行为理论产生的顾客公民行为研究，其假设前提都是这种行为能够从整体上提高组织的运作效能。那么，接下来的问题就是，顾客为什么要做出对企业有益的行为？促使顾客做出这些行为的驱动因素或者动机是什么？对这些问题的回答，将有助于企业改进自身与顾客之间的关系，并通过调节这些因素从而促使顾客做出更多的顾客公民行为。在现有的顾客公民行为文献中，学者们已对这些问题进行了一定的探讨，并已形成一定的研究成果。但是，在虚拟社区情境下，尚未有学者对这些问题做出明确的回答。因此，第二个研究内容就是，探查虚拟社区顾客公民行为的前因。

3. 探查虚拟社区顾客公民行为与其前因因素之间可能的调节变量

调节变量的理论意义在于探查两个变量之间的关系在不同的条件下是否会发生变化，从而使理论对变量间关系的解释更加精细。现有的顾客公民行为文献在探讨顾客公民行为的前因时，还很少关注调节变量的作用。只有 Chung（2006）检验了顾客卷入度对感知服务质量、顾客满意与顾客公民行为之间关系的调节作用，但是结果显示，顾客卷入度对感知服务质量与顾客公民行为以及顾客满意与顾客公民行为之间的关系均不存在调节作用。本研究将尝试在消费类虚拟社区情境下探查顾客公民行为及其前因变量之间的调节因素。

4. 检验虚拟社区顾客公民行为对顾客社区黏性倾向的影响

关系营销的主要目的是建立顾客忠诚，吸引和保留足够多的顾客也是虚拟社区成功的保障。在仅有的关于顾客公民行为结果的文献中，有学者在互联网环境中探讨了顾客公民行为对顾客忠诚的影响。但是，互联网尤其是虚拟社区的出现，彻底改变了顾客在以往传统营销环境中信息不对称的弱势地位，顾客掌握与企业之间关系的主动权；此外，互联网降低了企业参与竞争的门槛，无数小企业、不知名的企业涌入互联网，与大企业、知名企业同台竞争，因此，在网络环境下，企业要寻求顾客忠诚几乎成了不可完成的任务。一些学者提出，顾客黏性是互联网环境下顾客忠诚的代名词。因此，本书以此为基础，拟在消费类虚拟社区环境下，探查并检验顾客公民行为对顾客社区黏性倾向的影响。

1.2.2 研究范围

由于虚拟社区是一个跨学科的概念，学者们从不同的学科和研究视角出发，按照不同的标准对虚拟社区进行分类，形成了多种不同的虚拟社区分类方法。不同类型的虚拟社区有着自身有别于其他类型虚拟社区的特点，社区中的顾客行为也存在较大差异，因此，要研究虚拟社区中的顾客行为，就必须首先区分和确定所要研究的虚拟社区的类型。

Armstrong 和 Hagel（1997）依据虚拟社区满足成员需求的不同，将虚拟社区划分为四类：兴趣型社区、关系型社区、幻想型社区和交易型社区。兴趣型社区的成员聚集在一起是为了分享、交流彼此的共同兴趣和爱好，如集邮。关系型社区为具有类似经历的成员建立和维持彼此间的社会关系提供便利，典型的关系型社区如校友录。幻想型社区，主要指的是以角色扮演为主要特征的网络游戏社区。交易型社区是成员在其中进行产品或服务相关的信息或经验的交流以及进行产品或服务交易的社区。Armstrong 和 Hagel（1997）认为，上述这四种类型的虚拟社区并不是完全独立的，一种社区可能满足成员多种需求。

Klang 和 Olsson（1999）根据虚拟社区的营利性和经营主体的不同，将虚拟社区分为四类：论坛式虚拟社区、俱乐部式虚拟社区、商店式虚拟社区和集市式虚拟社区。论坛式虚拟社区是由企业经营的、非赢利的一类虚拟社区，其目的是为社区成员提供一个交流和共享信息的平台。俱乐部式虚拟社区是非企业经营且非赢利的一类虚拟社区，目的是为成员共享彼此的兴趣和知识提供便利。商店式虚拟社区由企业经营并以赢利为目的，实际上就是 B2C 电子商务网站。集市式虚拟社区是买卖双方相互联系并进行交易的地方，以赢利为目的，但是，买卖双方的联系和交易都不必通过企业的中介来实现，如，淘宝网、赶集网、58 同城一类的网站。

Hummel 和 Lechner（2002）按照虚拟社区的交互性和交易性将虚拟社区分为五种类型：游戏社区、兴趣社区、B2B 社区、B2C 社区和 C2C 社区。Hummel 和 Lechner（2002）认为，这五种虚拟社区都具有不同程度的交互性和交易性。游戏社区和兴趣社区的交互性强，但交易性相对较弱，而 B2B 社区、B2C 社区和 C2C 社区虽然以直接的交易为目的，但是也不同程度地存在社会交互，如，社区成员之间对商品的相互推荐和评价，以及买卖双方之间的相互评价等。

通过上述几种虚拟社区分类，我们可以看出，作为一种商业模式，虚拟社区与商业具有天然的内在联系。但是，上述几种涉及虚拟社区商业性的分类都不尽完善，要么没有覆盖到虚拟社区所有的商业方面，要么在同一种类型中同时涉及虚拟社区的商业性和非商业性，因此，不利于以此为基础进行更为深入、有效的研究。

我们在文献阅读中发现两种虚拟社区的分类方法，可以为确定研究范围提供支撑。

首先，Kozinets（1999）认为，互联网上的大多数虚拟社区都是围绕消费主题或消费活动建立起来的。据此，他将虚拟社区分为两类：消费类虚拟社区和非消费类虚拟社区。并将消费类虚拟社区定义为，主要由消费者参与形成、以购物和消费话题为主要互动内容的互联网社区。这一分类方法虽然看似宽泛，但是，避免了上述各种分类存在的彼此交叉或者不能覆盖所有虚拟社区类型的问题。并且，从虚拟社区实践来看，随着国内互联网领域虚拟社区和电子商务的繁荣发展，传统上与消费不相关或不直接相关的虚拟社区也日益呈现出商业化的倾向和趋势。从企业营销的角度来看，Kozinets（1999）对虚拟社区的这种分类，无疑具有更为直接的营销意义。由于本研究的目的是探查和检验顾客在虚拟社区中表现出的一类特殊的顾客行为，因此，按照 Kozinets（1999）的虚拟社区分类，我们将研究范围确定为消费类虚拟社区，而非消费类虚拟社区则不在讨论之列。

其次，刘琰（2010）在已有文献基础上，根据虚拟社区的商业性不同，将虚拟社区分为企业主导型虚拟社区和消费者主导型虚拟社区。企业主导型虚拟社区由产品或服务企业创建并维护，社区的主要功能是介绍和展示本企业的产品或服务并发布促销信息，同时，为消费者与企业之间以及消费者之间针对本企业产品购买或使用中遇到的问题、使用经历等进行的沟通活动提供平台。典型的企业主导型虚拟社区主要是在企业官方网站上设立的虚拟社区。消费者主导型虚拟社区通常由第三方机构创建并维护，消费者和产品或服务企业均可以自由地参与社区，产品或服务企业在社区中的权限与普通消费者相同，社区中的内容主要由消费者提供，社区的管理也主要由消费者身份的社区成员担任。目前各类独立的第三方社区网站、电子商务网站以及各大门户网站上的消费主题相关社区多数都属于消费者主导的虚拟社区，如手机之家、淘宝网消费者社区、网易数码产品论坛等。由于在企业主导的虚拟社区中，企业具有极大的权限，甚至可以任意添加或删除消费者发表在社区中的内容；并且由于社区中讨论的产品、服务相关话题与企业利益直接相关，使得消费者通常对这类虚拟社区中信息的真实性持怀疑态度，从而降低了对这类虚拟社区参与的积极性。相比较而言，消费者主导型虚拟社区中的内容主要是由消费者提供的，并且消费者之间的互动沟通享有充分的自由，使得消费者感知到的社区的商业性较弱，信息也更为真实，参与的积极性也很高。因此，本研究将研究范围确定为消费者主导型虚拟社区。

综合上述两种虚拟社区分类方法，我们将研究范围确定为：消费者主导的消费类虚拟社区，如图 1－2 所示。

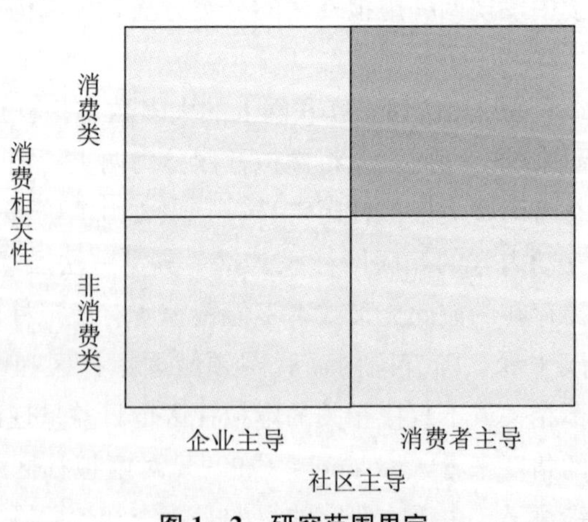

图 1－2　研究范围界定

从技术的角度，虚拟社区可以分为 BBS、论坛、博客、微博、SNS（即社交网络，如 Facebook、人人网）、威客（即问答社区，如百度知道、新浪爱问）等类型。这些以不同技术为支撑的不同类型的虚拟社区，是随着互联网技术的发展，为满足人们不同的需求而先后出现的，在社区内容、成员关系以及成员参与动机等方面都存在一定差异。如虚拟问答社区即威客，属于内容导向型社区，强调内容的产生，但是，成员之间并不希望发展社会关系；而即时通信社区（如 QQ、聊天室）和 SNS 社区则主要是为了满足成员的社交需求而建立的，并不强调内容的产生。因此，尽管作为一种商业模式，每一种类型的虚拟社区都具有其商业价值，虚拟社区中的每一个成员或访问者也都同时又是消费者，但是，从企业营销的角度来研究消费者行为，我们认为还是有必要将与产品或服务和消费话题不紧密相关的虚拟社区类型从我们的研究中划分出去。依据目前各种不同技术类型虚拟社区的互动内容和互动方式，我们将研究主要限于传统的 BBS、论坛等虚拟社区形式，而不包括微博、博客、SNS 等新兴的虚拟社区形式。据《2011 年中国互联网社区发展状况调查报告》显示，在网民经常访问的虚拟社区类型中，64.9%的虚拟社区用户经常访问论坛类虚拟社区，这为我们选择论坛类虚拟社区作为研究范围提供了数据支撑。

最后，需要说明的是，为了表述的方便，在后面的论述中只使用“虚拟社区”这一概念名词，凡是提及“虚拟社区”的地方即指“消费者主导的消费类虚拟社区”。

1.3 研究意义

将顾客公民行为引入消费类虚拟社区顾客行为研究中，无论在营销理论方面，还是在营销实践方面，都具有一定的研究意义，具体体现在以下几个方面：

首先，顾客公民行为是营销领域顾客行为研究的一个新概念，是组织公民行为理论在消费者行为研究领域的扩展和延伸，国内营销学术界对这一概念的研究才刚刚起步，相关研究甚少，实证研究更是匮乏。本研究将在虚拟社区情境下界定顾客公民行为的概念，探查其构成维度，并利用中国网络消费者样本开发虚拟社区情境下的顾客公民行为测量量表，并通过实证分析对这一量表的信度和效度进行检验。从理论上，在目前文献范围内，本书首次尝试在虚拟社区情境下界定顾客公民行为的概念并开发测量量表，这将为今后学者们研究互联网环境下的顾客公民行为提供借鉴；从实践上，本研究将为企业测评其虚拟社区成员的顾客公民行为提供工具，为企业正确和充分利用虚拟社区建立和维护顾客关系提供决策依据。

其次，本书将探查虚拟社区顾客公民行为的前因及其与前因变量之间可能的调节因素。目前，有研究在互联网线下环境中探查不同服务情境下顾客公民行为的前因，但是网络环境下的相关研究仍属鲜见。本书将在虚拟社区环境中，分析顾客公民行为的前因和调节因素，从而在理论上弥补现有研究的不足；此外，在实践上，可以为企业如何成功激发虚拟社区成员的公民行为提供正确的方向，这将有助于企业根据不同调节因素有重点地制定营销策略，从而激发社区成员尽可能多地表现出顾客公民行为，并营造一种互助互利、和谐的社区氛围。

最后，本书将检验虚拟社区顾客公民行为对顾客社区黏性倾向的影响。现有顾客公民行为文献对顾客公民行为的前因进行了较多的探讨，但是，对顾客公民行为的结果却给予了较少的关注，相关的研究几乎空白。此外，一些学者提出，在网络环境下应该用顾客黏性替代顾客忠诚这一概念。本研究将尝试在网络环境下探查顾客公民行为与顾客黏性倾向之间的关系，从而在理论上为今后的相关研究奠定基础；从实践上看，本研究的结果将有助于企业正确认识虚拟社区顾客公民行为的贡献，充分挖掘虚拟社区的营销价值，促进虚拟社区在企业网络营销中更广泛的应用。

1.4 研究方法、流程与结构

1.4.1 研究方法

本书采用定性和定量相结合的研究方法。定性研究主要采用文献研究和消费者定性访谈，定量研究主要采用问卷调查方法。文献研究在每一章都有所体现，消费者定性访谈，我们采用的是焦点小组访谈方法，主要用于探查虚拟社区顾客公民行为的概念和构成维度，进而生成操作化的测量量表。问卷调查方法主要用于量表检验和研究假设与模型的验证。本书采用 OQSS 公司的在线调研系统进行数据收集，并使用 SPSS17.0 和 LISREL8.7 进行数据的统计检验与分析。

1.4.2 研究流程

本书的研究流程如图 1-3 所示。首先，根据对研究背景的阐述，提出研究问题和研究任务；其次，对现有的研究文献进行回顾；依据文献回顾和消费者定性访谈的结果，界定虚拟社区顾客公民行为的概念并开发测量量表，运用中国网络消费者样本对量表进行信度和效度检验；再次，依据相关理论和现有文献的研究结果，提出研究模型和研究假设，在对相关变量进行概念阐述和操作化定义的基础上形成调研问卷，并通过大规模样本调查结果的分析，验证研究假设和模型；最后，依据实证研究的结果，提出研究结论、创新点、研究意义、研究局限与展望。

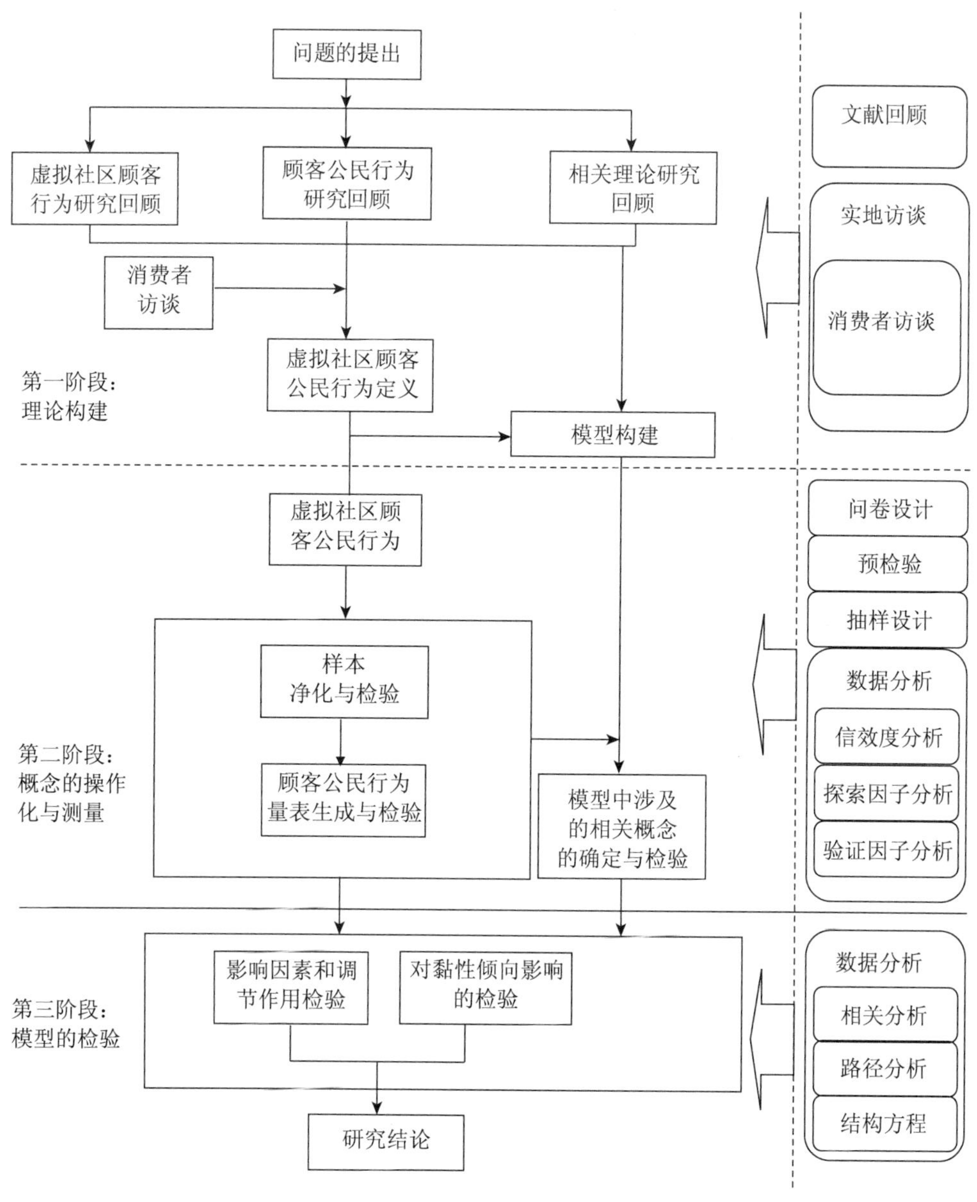

图 1-3 研究流程

1.4.3 结构安排

本书共由五章构成。

第 1 章是绪论。在介绍选题的背景与意义的基础上，确定研究内容、研究范围，并对拟采用的研究方法与技术路线，以及研究流程和结构安排进行整体的谋划。

第 2 章是文献回顾与述评。重点对国内外现有的虚拟社区顾客行为研究、顾客公民行为研究文献以及与本研究模型构建相关的理论进行回顾，指出现有研究的不足，并为本研究提供理论和文献基础。

第 3 章是虚拟社区顾客公民行为的内涵及测量量表开发，对应前述的研究内容和任务的第一个方面。首先，以第 2 章中对顾客公民行为概念的文献回顾为基础，提炼出顾客公民行为概念的基本特征，然后结合消费者定性访谈的结果，界定虚拟社区顾客公民行为的概念；其次，借鉴组织公民行为相关研究，将虚拟社区顾客公民行为按照指向和直接受益对象的不同区分为两类：CCBO（即指向虚拟社区并直接对虚拟社区有益的顾客公民行为）和 CCBI（即指向虚拟社区其他成员，直接对其他成员有益并间接对虚拟社区有益的顾客公民行为）；再次，在已有的顾客公民行为测量量表的基础上，结合焦点小组定性访谈的结果，提取虚拟社区顾客公民行为的构成维度并生成测量量表；最后，采用定量的方法对量表进行信度和效度检验，最终修正并形成虚拟社区顾客公民行为测量量表。

第 4 章是模型构建与假设检验，对应前述研究内容和任务第二、第三和第四方面。本章模型构建基于我们在第 2 章中回顾的四种理论。其中，我们以社会交换理论、关系营销理论和自我决定理论作为理论支撑，提出上述两种不同指向的顾客公民行为（CCBO 和 CCBI）的不同前因；以关系营销理论为基础构建顾客公民行为与顾客社区黏性倾向之间的关系；并以社会认知理论为基础，探查自我效能感对两类不同指向的顾客公民行为与前因变量之间关系的调节作用。在假设推导和模型构建的基础上，对研究模型涉及的相关变量进行概念化的操作并生成正式调研问卷，最后，通过大规模的消费者调查收集数据，运用定量的统计分析方法，对调研数据进行统计分析和检验。

第 5 章是结论与展望。基于前面四章的统计分析和结论，提炼主要的创新点，阐述本书的研究意义，并指出本研究的局限和未来的研究方向。

2 文献回顾与述评

本章我们将分别对虚拟社区顾客行为相关研究、顾客公民行为研究以及为本研究模型构建提供理论支撑的四种相关理论进行回顾与述评。首先，虚拟社区情境下的顾客公民行为尚未引起学术研究的关注，但是，已有的虚拟社区顾客参与行为、鼠碑行为和知识共享行为研究有利于我们借鉴已有的研究成果，为本研究的开展提供文献基础和研究启示。其次，本研究的核心概念是虚拟社区顾客公民行为，回顾已有的顾客公民行为相关研究是本研究最基本也是最重要的文献准备。最后，现有的顾客公民行为研究主要以社会交换理论和关系营销理论为基础，构建前因变量与顾客公民行为之间的关系，我们在现有研究的基础上拓展了对调节变量和行为动机的探查，因而，对上述相关理论的回顾也是非常必要的。

2.1 现有虚拟社区顾客行为相关研究

2.1.1 虚拟社区顾客参与行为研究

虚拟社区的形成取决于顾客的参与，没有了顾客的参与，虚拟社区也就名存实亡。因此，在探讨“企业如何成功经营虚拟社区”的问题时，学者们首先关注并提出了虚拟社区顾客参与的概念，相关的研究主要涉及虚拟社区顾客参与的类型以及与虚拟社区生存直接相关的顾客持续参与行为。

1. 虚拟社区顾客参与的概念

Fang 和 Neufeldls（2009）将虚拟社区参与定义为“存在”，即个体只要出现在社区中就是对社区的参与。从实际的参与行为来看，在不区分虚拟社区类型的情况下，虚拟社区顾客参与行为包括登录社区、浏览社区内容、获取信息、共享信息、使用社区服务、提供或获取社会支持、提供或购买产品或服务、持续使用社区、破坏社区秩序或规则等。很明显，虚拟社区顾客参与是一个内涵宽泛的概念，包括了顾客在虚拟社区中的所有行为，既包括顾客积极的行为，也包括顾客消极的行为；既包括顾客简单的社区浏览行为，也包括顾客积极贡献社区内容的深度参与行为。

2. 虚拟社区顾客参与的类型

在虚拟社区中，个体的参与水平是不同的。Valck 等（2009）认为，为了探查个体的虚拟社区参与行为，最简单的方法就是按照个体在社区中的参与水平对虚拟社区参与者进行分类。表 2-1 总结了现有文献中有关虚拟社区参与者的分类。

从表 2-1 中可以看出，Hagel 和 Armstrong（1997）的分类是相对宽泛并过于简单的，仅仅将参与行为分为发帖和不发帖，无法反映虚拟社区参与行为的全貌。但是，按照这样的分类方法，学者们发现了虚拟社区中的 20/80 定律，即 20%的成员贡献了 80%的内容，而另外 80%的成员则都是潜水者。这提起了学者们和虚拟社区经营者对探查发帖者的贡献动机以及激发潜水者的贡献行为的注意。表 2-1 中的其他分类反映了学者们在深入探查虚拟社区成员分类上的努力。但是，由于客观上存在着不同类型的社区成员会表现出相同行为的可能性，例如，社区新手也可能回答其他成员的咨询和问题，因此，仅仅对社区成员进行分类，不能为深入研究不同类型的虚拟社区参与行为提供清晰的指导。

表 2-1　　虚拟社区参与者类型

作者	分类标准	参与者类型
Hagel 和 Armstrong (1997)	是否发帖	①发帖者：发帖贡献社区内容； ②潜水者：只浏览别人的帖子，自己从不发帖
Adler 和 Christopher (1999)	参与主动性	①被动者：类似于 Hagel 和 Armstrong（1997）的潜水者； ②主动者：积极参与由其他人发起的讨论或贡献活动； ③诱导者：发起讨论以吸引其他成员参与； ④管理者：即虚拟社区的版主

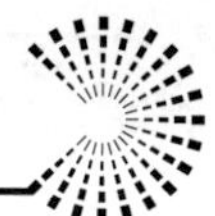

续 表

作者	分类标准	参与者类型
Valck (2009)	访问频率/持续时间/参与讨论等	①核心成员：访问次数、停留时间、使用社区和贡献内容都最多的社区成员； ②交谈者：在社区中与其他人讨论社区主题相关话题； ③信息搜索、提供者：访问频率较高，停留时间较长，搜寻并提供信息； ④爱好者：访问频次高、停留时间长，出于对社区主题的爱好； ⑤功能主义者：关注社区主题，访问频次较高，停留时间短，找到需要的东西即离开社区； ⑥机会主义者：访问频次低，停留时间短，只搜寻与解决特定问题相关的信息
Kim (2000)	社区生命周期	①游客；②新手；③经常访问者；④领导者；⑤资深成员
徐小龙等 (2010)	主帖量/发帖内容/点入度/点出度	①领袖者：很少发主帖，回应其他成员咨询； ②回应者：不发主帖，只作回应； ③社交者：注重情感交流； ④咨询者：主帖多，提问寻求帮助； ⑤旁观者：没有上述任何社区行为

与表 2-1 中学者们的关注点不同，Lai 和 Chen (2008) 将虚拟社区顾客参与行为分为三类：合作生产、公民行为和成员交互。其中，合作生产行为是指"社区用户投入时间和精力制作或分享以音频、文本、视频或其他形式展现的内容"；而公民行为则包括"提供改进建议或者将网站推荐给朋友和家人、帮助其他社区用户的行为"；成员交互指的是"虚拟社区用户之间讨论或交换彼此使用某项服务的经验、问题、感受或想法"。尽管 Lai 和 Chen (2008) 区分的三种顾客参与行为彼此存在一定的交叉，但是，我们认为，这种按照行为的不同表现对"行为"进行的分类，可以为学者们进一步洞察虚拟社区顾客参与行为的前因或动机以及可能带来的结果提供有益的启示。

3. 虚拟社区顾客持续参与行为

持续参与是从个体访问虚拟社区的频次和停留在社区中的时间方面对虚拟社区顾客参与行为进行的研究。Fang 和 Neufeldls (2009) 在将社区参与定义为

"存在"的基础上，进一步将虚拟社区持续参与定义为个体在社区中"存在的时间长度"。虚拟社区的成功不仅取决于社区吸引顾客访问社区的能力，更取决于社区保留顾客的能力。顾客对社区的持续参与是虚拟社区成功的重要标志，也是虚拟社区经营者追求的目标。

虚拟社区持续参与行为研究多以"期望确认理论（Expectation Confirmation Theory，ECT）"作为研究的理论基础，从认知的视角探讨顾客持续参与虚拟社区的原因和影响因素。Oliver（1980）的期望确认理论认为，顾客的产品重购和服务继续使用行为意向主要受到顾客满意度的影响，而顾客满意则取决于顾客在消费前的期望与消费后对期望满足程度的确认。

Chen（2007）在实践型虚拟社区中构建了一个社区成员持续参与行为倾向的影响因素模型。Chen（2007）认为，人们参与实践型虚拟社区都是带着对社区高质量的技术系统和通过参与社区建立社会联系的期望的，如果在参与社区之后期望得到满足，人们就会继续留在社区中，否则，就会选择离开。据此，Chen（2007）构建了一个模型，并验证了在上述两种期望得到满足后，成员之间建立的社会关系和成员产生的对社区的满意感对实践型虚拟社区成员持续参与行为倾向的正向影响。

Jin 等（2007）以期望确认理论为基础，利用来自中国大陆一所大学网站 BBS 中的学生样本，实证证明了社区满意是虚拟社区持续参与意向的直接影响因素。仲秋雁等（2011）以期望确认理论为基础，在众包型虚拟社区（即威客）中，实证检验了感知有用性、满意和沉浸对众包型虚拟社区用户社区持续参与行为的显著影响。

此外，也有学者从情感或习惯的角度来探查虚拟社区使用者的持续参与行为。如，Clements 和 Bush（2011）将虚拟社区使用者的持续参与行为界定为一种习惯，认为使用者持续参与社区有时并没有具体的动机和目的。在此基础上，Clements 和 Bush（2011）探讨了使用者社区满意、信任以及社区的吸引力和娱乐性对于使用者形成社区持续使用习惯的影响作用。

综上所述，虚拟社区顾客参与行为包括了个体在社区中可能表现出的所有行为，作为一个研究概念，其内涵显然过于宽泛了。要对个体在虚拟社区中的行为进行更为深入、细致的探查，有必要对个体的参与行为按照行为的不同表现进行进一步的划分，从而能够区分不同的行为并分别探查其前因和动机。Lai 和 Chen（2008）的研究已在这方面做出了有益的探索，值得我们借鉴。此外，通过上述学者们对虚拟社区持续参与行为的界定，顾客对虚拟社区的持续参与实际上就是顾客对虚拟社区的忠诚。现有的顾客持续参与行为研究都是将顾客持续参与作为

结果变量，探查虚拟社区的特征以及顾客对社区形成的满意、信任等态度变量对顾客持续参与行为的影响。本研究的任务之一就是检验虚拟社区顾客公民行为对顾客社区忠诚即黏性倾向的影响，因此，现有的虚拟社区顾客持续参与行为研究可以为我们后续的研究提供一定的借鉴。

2.1.2 虚拟社区鼠碑行为研究

1. 鼠碑的定义

口碑（Word of Mouth，WOM）作为一种消费行为，从20世纪50年代开始引起营销学者的关注。Arndt（1967）将口碑定义为：信息发出者与信息接收者之间通过面对面或经由电话进行的信息沟通。这个定义中的“信息发出者”和“信息接收者”指的都是消费者，而“面对面”和电话则反映的是口碑经由的媒介。Tax等（1993）进一步在定义中增加了消费者之间沟通的内容，即口碑是在消费者之间进行的有关供应商及其产品的正向或负向评价的非正式沟通。由于口碑是消费者之间的沟通，尤其在传统环境下，口碑传播主要发生在家人、朋友等熟人中，可信度高，对消费者的影响力大，因此，一直受到企业和营销学者的关注。

随着互联网技术的发展，以Web2.0技术支持的虚拟社区为彼此陌生的消费者之间的口碑沟通提供了崭新的媒介。由于虚拟社区的跨时空性以及消费者之间沟通的非面对面性和匿名性，虚拟社区中的口碑沟通与传统面对面情境下的口碑沟通相比，范围更广、速度更快、数量更庞大，因而，对企业的影响也是前所未有地巨大。因此，消费者在虚拟社区中的口碑行为成为互联网领域顾客行为研究的一个热点问题。

鼠碑（Word of Mouse），也称网络口碑（Internet WOM）、电子口碑（eWOM）或在线口碑（Online WOM），是相对传统口碑提出的一个新概念。Bussiere（2000）将电子口碑定义为，消费者通过网络论坛、聊天室等方式将自己对产品或企业的正面或负面体验传播给其他消费者的行为。Hennig－Thurau等（2004）将网络口碑定义为，由以往的、实际的或潜在的消费者通过互联网做出的关于产品或企业的正向的或负向的陈述。Litvin（2008）将电子口碑定义为：消费者通过互联网技术对产品或服务的属性、使用经验等信息进行的交流。国内学者董大海和刘琰（2012）认为，鼠碑一词能够更好地凸显网络口碑的计算机和网络特征，并将鼠碑定义为：具有弱关系的消费者或商业机构，在互联网上以文本为媒介、以信息公开的方式所进行的匿名沟通，其内容是产品（服务）等消费者行为相关的、具有一定效价的评论。从上述鼠碑相关的定义中可以看出，学者们对鼠碑的界定基本沿用了传统口碑的内涵，但是强调了鼠碑的互联网媒介，以及鼠碑在传播主体、传播范围和传播形式等方面表现出的与传统口碑的差异。由于互联网具有的特殊技术环境，鼠碑超越了传统口碑主要在熟人间传播的界限，不受时空限制地在陌生人之间传播；同时，鼠碑的表现形式更为多样化，超越传统口碑的口头和肢体语言，以包括文字、图片、音频和视频的多种方式呈现。尽管鼠碑具有了传统口碑所不具有的新特征，但是，互联网并未改变消费者口碑行为的本质，无论在互联网线上还是线下环境中，口碑都是消费者之间关于产品或企业的正面或负面评价的沟通行为。

2. 鼠碑行为的动机研究

对口碑行为动机的探讨一直是传统口碑研究的一个重点。随着消费者越来越多地利用互联网媒介来传递口碑，网络环境下的顾客口碑行为动机也自然成为鼠碑研究的一个焦点。学者们在研究中大多借鉴了传统口碑的研究成果，并试图寻找在网上、网下两种环境中，口碑行为可能存在的不同的动机。

Dichter（1966）在传统环境下，识别出正面口碑的四类动机：产品卷入、自我卷入、其他卷入和信息卷入。产品卷入是指顾客因对产品的兴趣或者因产品消费经历使顾客产生一种紧张感，口碑行为是为了缓解这种紧张感，如因买到自己心仪的产品而激动；自我卷入是产品满足了顾客的某种情感需求，对产品的口碑行为是顾客的一种自我表达；其他卷入是指顾客的口碑行为是为了给其他人以指导；信息卷入是指由广告或广告节目所引起的口碑行为，如与他人分享自己看到的一个独特的、有趣的产品广告。

Sundaram 等（1998）提出了一个同时包括顾客正面口碑和负面口碑的、全面的顾客口碑行为动机分类，共包括 8 类动机。其中，正面口碑动机有 4 个，分别是利他、产品卷入、自我提升和帮助企业，除了帮助企业的动机，其他 3 个动机分别与 Dichter（1966）的产品卷入、自我卷入和其他卷入相类似。负面口碑的动机也有 4 个，分别是利他、缓解焦虑、报复和寻求建议。Sundaram 等（1998）认为，在利他动机的驱使下，顾客既可能做出正面口碑，也可能做出负面口碑。此外，在 Dichter（1966）的自我卷入动机强调自我表达的基础上，Sundaram 等（1998）的自我提升动机更强调顾客通过口碑行为展现自己对产品的鉴赏力、专家性，并寻求在其他顾客中地位的提升或者希望获得来自其他顾客的赞扬。传统口碑行为的主要动机如表 2－2 所示。

表 2-2 传统口碑行为的主要动机

作者	口碑形式	口碑动机
Dichter（1966）	正面口碑	①产品卷入 ②自我卷入 ③其他卷入 ④信息卷入
Sundaram 等（1998）	正面口碑 负面口碑	正面口碑动机： ①利他 ②产品卷入 ③自我提升 ④帮助企业 负面口碑动机： ①利他 ②缓解焦虑 ③报复 ④寻求建议

在现有的鼠碑动机研究中，Hennig - Thurau 等（2004）的研究最具有代表性，被许多学者在研究中引用。Hennig - Thurau 等（2004）认为，网络口碑与传统口碑在概念上非常相近，因此，在传统口碑研究中已识别出来的顾客动机可能也是顾客网络口碑的动机。以已有的传统口碑文献为基础，并结合虚拟社区的相关研究，Hennig - Thurau 等（2004）提出了顾客网络口碑的 11 个动机：关心其他顾客、帮助企业、获得社会利益、向企业施加压力、寻求购后建议、自我提升、获得经济激励、方便抱怨、通过社区运作者解决问题、表达积极情绪、宣泄负面情绪。运用包括具有虚拟社区网络口碑行为的 2063 个顾客样本，Hennig - Thurau 等（2004）最终提取出 8 个虚拟社区顾客口碑行为动机，如表 2 - 3 所示。其中，社区协助动机是由“向企业施加压力”、“方便抱怨”和“通过社区运作者解决问题”合并而来的，另外，积极自我提升动机也包括最初提出的“自我提升”和“表达积极情绪”两个动机。Hennig - Thurau 等（2004）运用多元回归分析对上述 8 个动机对顾客网络口碑行为的预测能力进行了分析，结果表明，与获得社区协助、宣泄负面情绪、寻求购后建议和帮助企业 4 个动机相比，获得社会利益、获得经济激励、关心其他顾客和积极自我提升动机对顾客在社区中发表产品评论和消费经历的影响更强，是顾客在虚拟社区中做出网络口碑行为的主要动机。

表 2-3　　网络口碑行为动机

作者	口碑形式	口碑动机
Hennig-Thurau 等（2004）	正面口碑 负面口碑	①关心其他顾客 ②帮助企业 ③获得社会利益 ④寻求购后建议 ⑤积极自我提升 ⑥获得经济激励 ⑦宣泄负面情绪 ⑧获得社区协助

Jeong 和 Moon（2009）采用了 Hennig-Thurau 等（2004）对网络口碑的定义，并认为，网络口碑通常具有两种表现形式：在线产品评价和对产品进行的数字评分。为了探查顾客网络口碑的动机，Jeong 和 Moon（2009）以顾客公民行为理论、社会认同理论和相关经济理论为基础，构建了包含内在和外在两种动机的顾客网络口碑动机模型。Jeong 和 Moon（2009）认为，顾客公民行为不仅存在于线下环境中，而且以积极的网络口碑行为的表现形式存在于在线环境中。Jeong 和 Moon（2009）将顾客公民行为等同于积极的网络口碑行为，一方面反映了现有研究尚未厘清相关概念之间的关系，另一方面也反映出顾客公民行为概念已开始引起互联网相关研究的关注。

3. 鼠碑行为影响因素的相关研究

除了动机，一些学者也尝试从企业或消费者个体方面探查对口碑行为产生影响的因素。Matos 和 Rossi（2008）运用元分析的研究方法，对现有的传统口碑文献进行了回顾，总结出对口碑行为具有显著影响的 6 种前因，如图 2-1 所示。

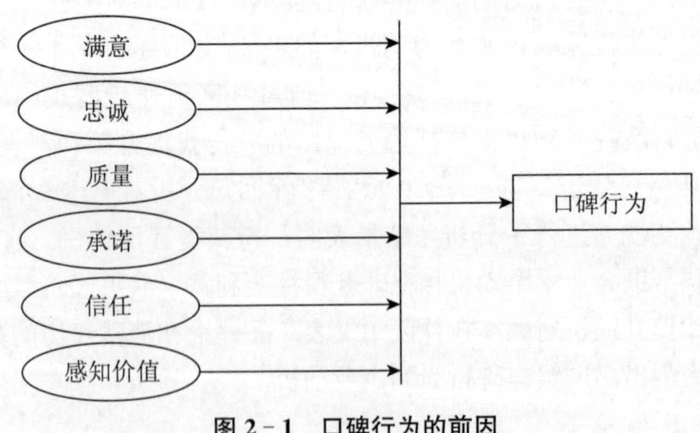

图 2-1　口碑行为的前因

Richins (1983) 认为，尽管很多研究证实了顾客满意对正面口碑的影响，但是却很少有研究关注顾客不满意对顾客负面口碑的影响。通过消费者访谈和问卷调查，Richins (1983) 发现并实证检验了企业相关和顾客相关的两类因素对顾客负面口碑的影响，如表 2-4 所示。

表 2-4　　负面口碑影响因素

作者	口碑形式	口碑影响因素
Richins (1983)	负面口碑	企业相关因素： ①企业问题的严重程度； ②顾客将不满意归因于企业； ③企业顾客抱怨处理不当 顾客相关因素： ①顾客产品卷入度； ②顾客购买决策卷入度

目前为止，对鼠碑行为影响因素的研究还很少。郭小钗等 (2009) 通过实证研究，验证了信任在消费者在线口碑传播中的重要影响作用。Sun 等 (2006) 在对与音乐主题相关的鼠碑行为研究中，以创新扩散理论为基础，运用来自美国两所大学中的 250 个学生样本，实证检验了鼠碑行为个体的创新性、互联网使用能力、产品卷入度、互联网社会联系对鼠碑行为的积极影响。Chu (2011) 在 SNS 虚拟社区情境下，实证检验了社会关系因素对电子口碑的影响，研究结果显示，关系强度、信任、规范影响和信息影响等因素对电子口碑行为具有积极影响。

4. 鼠碑传播效果研究

鼠碑传播效果也称鼠碑效应，指的是消费者的鼠碑行为对其他消费者以及企业产生的影响。传统口碑研究显示，消费者的口碑行为对消费者的态度和购买行为都具有显著影响，并进一步影响企业的销售状况。由于口碑对消费者购买决策的影响是被大量传统口碑研究所证实的，因此，现有的鼠碑研究也主要关注鼠碑如何对消费者态度和购买行为产生影响，以及在二者之间可能存在的其他影响因素。

Rabjohn 等 (2008) 研究了鼠碑的可信度对消费者购买行为的影响。Smith 等 (2002) 的研究发现，虚拟社区中口碑传播者的专业性以及口碑接收者与传播者之间的关系强度都对消费者的购买决策具有影响。Ha (2002) 在电子商务情境下，探查了鼠碑对消费者购前风险感知的影响。Xue 和 Phelps (2004) 的研究发现，口碑接收者的产品卷入度和线下的口碑体验对鼠碑的影响力具有调节作用。

国内学者郭国庆等（2007）构建了一个关于传统口碑对消费者态度影响的理论模型，探查了口碑传播对消费者态度产生影响的路径及方式，提出口碑传播对消费者态度的认知成分、情感成分和行为成分都有影响，并受到关系强度、主动搜寻程度、感知风险等因素的调节。宋晓兵等（2011）利用实验研究方法，在虚拟社区环境下，验证了网络口碑论据质量和虚拟社区可靠性对消费者的产品态度具有正向影响。此外，陈蓓蕾（2008）在虚拟社区中探查了在线口碑对消费者购买决策的影响，实证结果显示，消费者的口碑搜寻主动性、对社区站点的信任程度以及与网站之间关系的紧密程度都对消费者的购买决策具有显著影响。

综上所述，现有的虚拟社区鼠碑行为研究可以为我们在虚拟社区情境下探查顾客公民行为提供有益的研究启示。首先，从鼠碑研究相关文献中，我们可以看出，顾客的鼠碑行为与顾客公民行为存在联系。Jeong 和 Moon（2009）认为，顾客公民行为以积极的网络口碑行为的表现形式存在于网络环境中。尽管不能将顾客公民行为等同于积极的网络口碑，但是我们由此可以认为，积极的网络口碑应该是虚拟社区环境下顾客公民行为的表现之一。以此为基础，现有的虚拟社区鼠碑行为相关研究结果，包括鼠碑的动机、影响因素等，都可以为我们后续的研究提供一定的文献支持。

2.1.3　虚拟社区知识共享行为研究

1. 虚拟社区知识共享的概念

所谓知识共享，也有学者称之为知识贡献，最初源于组织的知识管理活动，指的是组织的员工或内外部团队在组织内部或跨组织之间，彼此通过各种渠道进行的知识交换和讨论。也有学者从个体的角度将知识共享定义为个体将自己获得的知识传播给组织中其他成员的行为。Chio 和 Lee（2002）认为，基于社区的知识管理方法是组织知识创新和转换的最有效工具。大量的研究和组织实践证实了知识共享在组织创新和成长中的关键作用。

随着虚拟社区在互联网上的出现与发展，虚拟社区不仅为组织内部成员间和陌生个体间的知识共享提供了一个有效的场所和平台，许多研究同时显示，知识共享对虚拟社区的生存与发展具有举足轻重的作用。虚拟社区中的知识共享行为指的是虚拟社区成员将自己拥有的知识、经验贡献于社区中以使他人能够获得和共享这些知识和经验。现有研究通常将虚拟社区知识共享分为两个维度，即知识共享的数量和质量，并认为虚拟社区成员知识共享的数量与质量是虚拟社区成功的关键决定因素。

由于虚拟社区知识共享的概念是对组织知识管理领域相关研究的借鉴，因此，现有的虚拟社区知识共享研究也多数关注与职业或工作相关的实践型虚拟社区中的成员知识共享行为，并重点探查虚拟社区知识共享行为的动机和影响因素。

2. 实践型虚拟社区知识共享行为的动机及影响因素

实践型虚拟社区指的是以职业实践和工作中的问题为中心的互联网论坛或其他互动空间，个体之间就彼此感兴趣的话题相互交换意见和想法。Wasko 和 Faraj（2005）发现，与人们彼此相识并且有长时间的交往因而会产生社会约束力的传统情境不同，在实践型虚拟社区中，成员之间都是陌生人，对于知识的贡献者来说，无法确保他们帮助过的人会回报他们，并且，大量的搭便车者也可以利用他人贡献的知识而无须做出任何贡献以作为回报。因此，在实践型虚拟社区中，知识共享似乎会使所有获得知识的人获益，除了知识共享者自身。由此，Wasko 和 Faraj（2005）提出，在实践型虚拟社区中，为什么人们愿意花费自己宝贵的时间和精力来贡献知识和帮助陌生人呢?

Wasko 和 Faraj（2005）以社会资本理论为基础，在一个职业律师协会建立的实践型虚拟社区中构建并检验了一个知识共享模型，从个体动机和社会资本角度探查了知识共享行为的影响因素，如图 2－2 所示。Wasko 和 Faraj（2005）的研究结果显示，提升个人职业声誉是个体知识共享行为的重要动机，但是，助人的动机对知识共享的影响并不明显，Wasko 和 Faraj（2005）对此的解释是，这可能是由于他们选择用于实证研究的实践型虚拟社区是实名制的原因。此外，在社会资本的三类影响因素中，成员的社区中心性对知识共享行为的预测能力最强，从业时间显著影响知识共享的数量，而自我评价的专家性、互惠期望和承诺则未显示出对知识共享行为的显著影响。

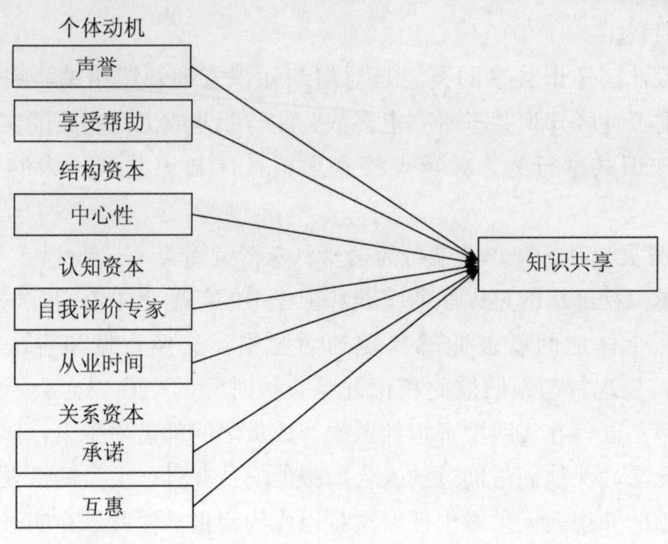

图 2-2　Wasko 和 Faraj（2005）的知识共享模型

Chiu 等（2006）将社会资本理论和社会认知理论相结合，在实践型虚拟社区中构建了社会资本相关因素与结果期望动机共同影响知识共享行为的模型，如图 2-3 所示。运用来自台湾的一个知名 IT 技术实践型虚拟社区的 310 个成员样本，Chiu 等（2006）的实证研究结果显示，与社区相关的结果期望对知识共享的数量和质量均有显著影响，同时，社会资本的结构维（社会互动关系）正向影响知识共享的数量，关系维中互惠、认同感正向影响知识共享的数量，而信任则正向影响知识共享的质量，最后，认知维的两个因素包括共同的语言和共同的愿景则只对知识共享的质量有影响。

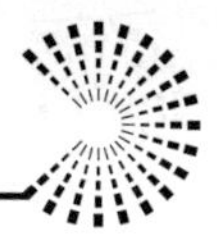

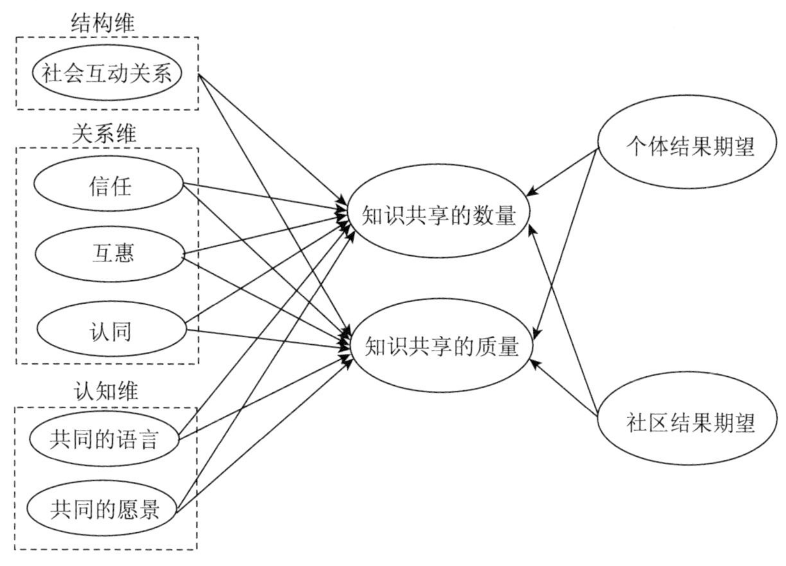

图 2-3　Chiu 等（2006）的知识共享模型

Hsu（2007）以社会认知理论为基础，从环境因素和个体因素两个方面探讨了实践型虚拟社区知识共享行为的影响因素。其中，环境因素指的是信任，Hsu（2007）将实践型虚拟社区中信任的形成分成三个阶段，分别对应三种形式的信任，即经济信任、信息信任和认同信任；个体因素包括自我效能感和结果期望。Hsu（2007）的实证研究结果显示，自我效能感对知识共享既有直接影响也有间接影响；个体相关的结果期望对知识共享行为具有显著影响，但是，社区相关的结果期望没有发现显著影响，这一研究结果与 Chiu 等（2006）的研究结果刚好相反。此外，研究显示，社区成员之间建立在共同的兴趣和目标基础之上的认同信任对知识共享具有关键影响。

3. 非实践型虚拟社区知识共享行为的动机及影响因素

Lou 等（2011）提出，现有的虚拟社区知识共享研究大部分都是在实践型虚拟社区情境下进行的，但是，随着与工作无关的虚拟社区在互联网上日益繁荣发展，需要对非实践型虚拟社区中的知识共享行为给予更多的研究关注。Lou 等（2011）以在线问答社区作为研究情境，探查在线问答社区中问题回答者知识共享行为的动机。以自我决定理论为基础，Lou 等（2011）将在线问答社区成员知识共享的动机分为内部动机和外部动机，并参照已有研究将知识共享分为两个维度，即知识共享的数量和知识共享的质量。利用来自中国最大的在线问答社区之一——“百度知道”的 367 个有效样本，Lou 等（2011）的研究结果显示，获得在线声誉的外部动机与学习的内部动机对知识共享的数量和质量都有显著影响，

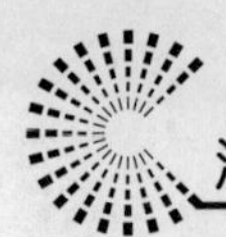

而享受帮助的内部动机对知识共享的数量影响显著，但对知识共享的质量的影响则并不显著。Lou等（2011）的研究模型如图2-4所示。

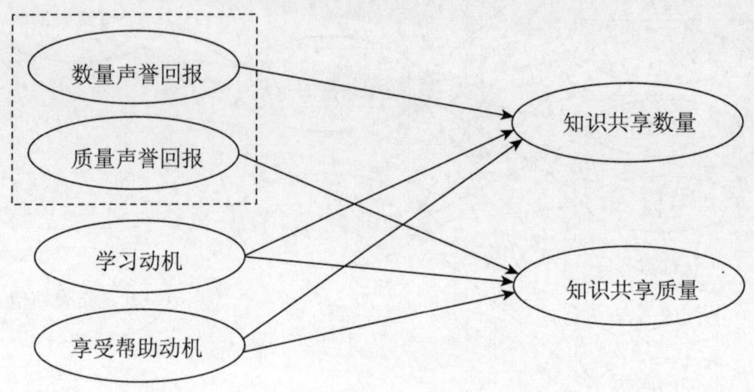

图2-4 Lou等（2011）的知识共享模型

Wiertz和Ruyter（2007）认为，在互联网环境下，越来越多的企业尝试通过建立虚拟社区来与顾客建立联系、获得顾客的反馈并解决顾客的售后服务问题。但是，企业主导型商业虚拟社区同样需要依靠顾客之间的互动以保持生命力，因此，探查顾客在企业主导型商业虚拟社区中的知识共享行为对互联网环境下的企业来说非常重要。但是，Wiertz和Ruyter（2007）认为，已有的开放资源和实践型虚拟社区知识共享行为的实证研究结果是否能够扩展到企业主导型商业虚拟社区的情境中还尚待考察。以Wasko和Faraj（2005）在实践型虚拟社区中构建的知识共享模型为基础，Wiertz和Ruyter（2007）在企业主导型商业虚拟社区中重点探查了承诺（包括对社区的承诺和对社区所属企业的承诺）和互惠对知识共享数量和质量的影响，此外，还检验了个体因素包括感知信息价值、运动员精神和在线交互倾向对承诺、互惠与知识共享之间关系的调节作用。Wiertz和Ruyter（2007）的研究模型如图2-5所示。研究结果显示，除了对社区的承诺显著影响顾客的知识共享行为外，对社区所属企业的承诺和顾客之间的互惠都未显示出对顾客知识共享行为的显著影响。这样的结果与企业主导型商业虚拟社区的性质具有直接的关系，顾客会认为其他顾客的提问是指向虚拟社区的，并且，回答顾客的问题也是虚拟社区的责任，从而降低了顾客对互惠规范的感知。

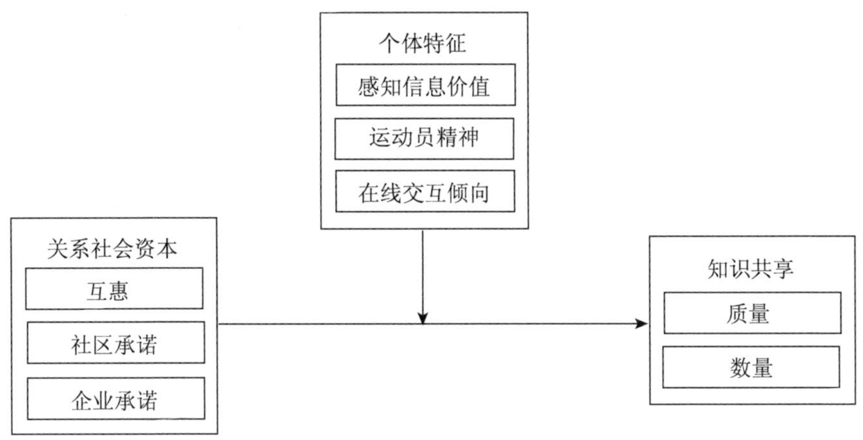

图 2-5 Wiertz 和 Ruyter（2007）的知识共享模型

Yu 和 Chu（2007）借鉴组织公民行为理论，在虚拟游戏社区中探讨了促发虚拟社区成员自愿知识共享行为的因素。Yu 和 Chu（2007）认为，在虚拟游戏社区中，成员间为了完成游戏任务通常结成非正式的任务导向型团队，团队的发起者作为领导者协调成员间的关系，团队成员间为了完成共同的游戏任务，相互分享信息和经验，并自发地相互支持。由此，Yu 和 Chu（2007）认为，虚拟游戏社区中的知识共享行为可以看做一种组织公民行为。借鉴已有的组织公民行为前因的相关研究，Yu 和 Chu（2007）构建了领导者—成员交换关系、群体对个体的吸引力以及情感相似性对虚拟游戏社区自愿知识共享行为影响的模型，如图 2-6 所示。研究结果显示，有效的领导者—成员交换关系、群体对个体的吸引力以及情感相似性对于建立一个可以有效提升自愿贡献行为的虚拟环境非常重要，高质量的领导者—成员交换关系和对虚拟团队的积极情感可以显著提高虚拟游戏社区的组织公民行为。

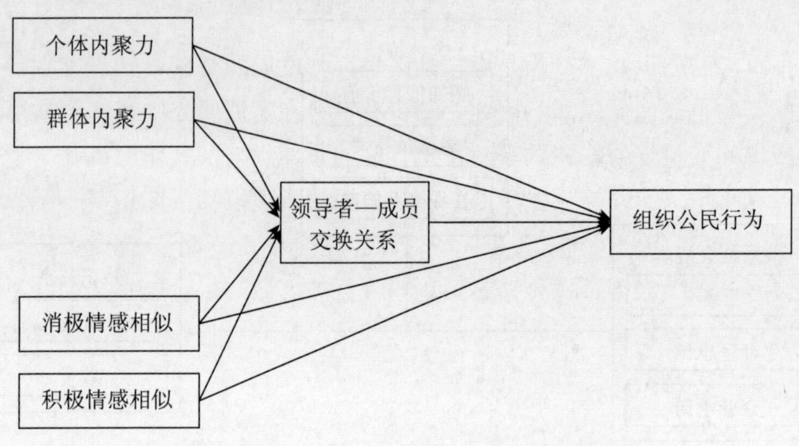

图 2-6　Yu 和 Chu（2007）的知识共享模型

国内学者赵越岷等（2010）认为，消费者在虚拟社区中的信息共享行为实际上是一种网络口碑。结合已有的网络口碑和知识共享的相关研究，赵越岷等（2010）从内部动机和外部动机两方面构建了虚拟社区知识共享的动机模型，如图 2-7 所示。实证研究结果显示，利他主义、表达正面情绪、自我效能感、归属感和形象声望是影响信息共享意愿的重要因素，此外，个人习惯对信息共享行为具有直接的显著影响。

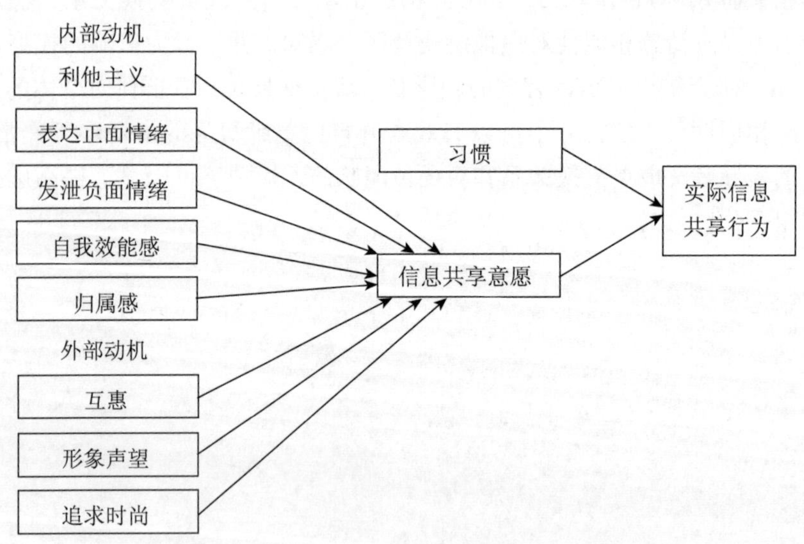

图 2-7　赵越岷等（2010）的知识共享模型

4. 虚拟社区知识共享行为对社区忠诚的影响

虚拟社区的知识共享行为是虚拟社区生存与发展的基础，知识共享行为对虚拟社区的影响是显而易见的，因此，很少有学者在实证研究中将知识共享作为前置变量或中间变量探讨知识共享对虚拟社区的具体影响及其作用机制。

Koh 和 Kim（2004）从电子商务的视角探讨了虚拟社区知识共享行为对虚拟社区忠诚的影响。Koh 和 Kim（2004）提出，虚拟社区知识共享行为可以使成员产生社区感、做出组织公民行为并形成对社区的忠诚，尽管这些结果并不能带来直接的商业收益，但是，从长期来看，这些结果最终会为虚拟社区以及虚拟社区所在的电子商务网站带来收益。Koh 和 Kim（2004）提出，虚拟社区中的知识共享行为越多，成员的社区参与行为就越多地表现为组织公民行为的形式。借鉴组织公民行为理论，Koh 和 Kim（2004）构建了知识共享通过对社区参与和社区促进行为的影响带来成员社区网站忠诚的研究模型，如图 2－8 所示。从 Koh 和 Kim（2004）对社区参与和社区促进概念的测量题项中可以看出，这两个概念都带有公民行为的性质，社区参与行为主要指的是积极参与社区、为社区贡献有用的内容、回答其他成员的问题等行为；社区促进指的是成员传播社区积极口碑的行为和推荐社区的行为。此外，Koh 和 Kim（2004）将虚拟社区知识共享定义为社区发帖和浏览行为。实证研究结果显示，虚拟社区知识共享对社区参与和社区促进行为都具有显著影响，同时，社区促进行为可以带来社区成员对社区网站的忠诚。

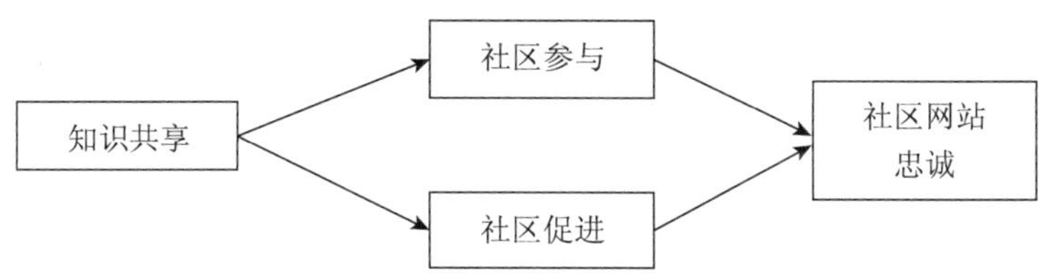

图 2－8　Koh 和 Kim（2004）的知识共享结果模型

综上所述，首先，我们发现，顾客公民行为作为一种消费者行为尚未引起虚拟社区研究领域的关注，仅在其中的一两篇文献中有所提及，并未形成系统的阐述。并且，涉及顾客公民行为的相关文献混淆了顾客公民行为与网络口碑的概念，认为“顾客公民行为以积极的网络口碑行为的表现形式存在于在线环境中”。这一发现为我们在虚拟社区情境下界定顾客公民行为概念内涵的研究任务提供了研究的必要性。

其次，我们发现，现有的虚拟社区顾客行为研究在选择研究情境时，多数是在与产品或服务等消费话题不直接相关的实践型虚拟社区、在线问答社区或主要满足个体社会需求的虚拟游戏社区中进行的。考虑到互联网上各类以消费话题作为讨论主题的虚拟社区的日益繁荣发展，现有的虚拟社区顾客行为研究明显忽略了这一对虚拟社区和企业的营销活动都具有更直接意义的研究情境。本研究以帮助企业利用虚拟社区开展顾客关系管理以建立顾客忠诚为研究目的，因此，我们选择消费类虚拟社区作为本研究的研究情境。

最后，现有的顾客参与、鼠碑和知识共享研究虽然从多个角度为企业的虚拟社区营销实践提供了一定的理论支持，但是应该说，从企业顾客关系管理、培育忠诚顾客的角度来讲，相关的研究还尚未找到一个合适的切入点。我们分别从上述三个虚拟社区顾客行为概念的内涵来说明。第一，顾客参与的概念内涵过于宽泛，包括了鼠碑、知识共享在内的所有虚拟社区顾客行为。概念的边界过大意味着存在继续划分概念的必要性，内涵过于宽泛的概念不利于深度研究的开展。第二，鼠碑是一种特定的顾客行为，只反映顾客有关企业、产品或服务相关的正面和负面评价，由于概念内涵狭窄，无法为企业管理虚拟社区中更多其他类型的顾客行为提供理论支持。第三，知识共享这一概念是对组织知识创新研究的借鉴，概念名词本身缺乏对顾客行为的反映，因此，我们认为，以知识共享这一概念名词来表述顾客行为是不适当的。尤其重要的是，上述三个概念都同时包括了顾客有益于社区的行为，也包括了顾客不利于社区的行为，可能造成虚拟社区经营者在实践操作上的困难。

综上所述，学者们在探查虚拟社区顾客行为以帮助虚拟社区进行顾客关系管理时，尚未找到一个合适的切入点。在这样的研究背景下，我们认为，顾客公民行为概念及相关研究可以为虚拟社区情境下的顾客行为研究提供有益的研究思路和启示。

2.2 顾客公民行为相关研究

顾客公民行为的概念是对组织行为研究中员工组织公民行为概念的借鉴，由美国学者 Gruen 于 1995 年提出，目前，国内的相关研究仍处于起步阶段。学者们在界定顾客公民行为的概念、维度以及探查顾客公民行为的前因时，都借鉴了组织行为文献中对员工组织公民行为的研究。有鉴于此，本书首先对组织公民行为的相关研究进行回顾，以追溯顾客公民行为研究的源头，从而能够对“顾客公民行为”这一概念形成更全面、更透彻的理解。

2.2.1 组织公民行为研究

1. 组织公民行为的概念

古典管理理论假定，组织的大多数参与者都不具有自觉合作的倾向，同时也没有自觉合作的能力，要使组织的参与者自觉合作，只能依靠管理所规定和强调的正式结构。但是，被称为现代管理理论之父的 Barnard（1938）认为，组织的正式结构是组织活动的结果而不是原因，缺少了合作意愿，正式结构就成了一个空壳。自 Barnard 开始，许多学者的研究揭示了组织中个体“自觉合作意愿”的存在及其重要性。

Katz（1964）承袭了 Barnard 的“自觉合作意愿”思想，提出“组织公民”（Organizational Citizenship，OC）的概念。Katz（1964）认为，员工的“组织公民”行为是组织运作必不可少的，包括主动保护组织与资产、提出建设性的建议、为应付额外工作进行自我训练、与同事协调合作等行为。缺少了员工的“组织公民”行为，组织将会成为一个非常脆弱的社会系统。Katz 之后的几乎所有的有关组织员工公民行为的研究都受到了 Katz（1964）的影响。

Organ 等（1983）在 Katz 提出“组织公民”概念的基础上，进一步明确提出组织公民行为（Organizational Citizenship Behavior，OCB）的概念，并对组织公民行为的概念内涵以及维度构成进行了深入的探讨，自此，组织公民行为理论逐步建立。Organ（1988）将组织公民行为定义为一种员工自主决定的个体行为，与组织正式的奖惩制度没有直接的或外显的关联，但是能从整体上提高组织的效能。这个概念包含三层含义：一是组织公民行为是一种员工自主选择的行为，员工可以选择做，也可以选择不做；二是这种行为与组织正式的薪酬和奖惩制度没有直接的关系，即员工不实施组织公民行为不会受到组织的惩罚，实施这类行为也不会得到组织的奖励；三是组织公民行为对组织效能的提高具有积极作用。

组织公民行为概念的提出为组织管理与员工的关系提出了一个新的视角，因而，自 Organ 等人提出组织公民行为概念以后，组织公民行为的相关研究即引起了管理理论研究和实践领域的广泛关注。在后续的研究中，学者们相继提出了“亲社会的组织行为”（prosocial behavior）、员工“角色外行为”（extra－role behavior）、组织自发行为（organizational spontaneity）和情境绩效（context performance）等多个相关概念，但是所讨论的概念内涵与 Organ（1988）的组织公民行为的概念内涵没有本质上的区别。至今，在组织公民行为理论近 30 年的相关研究中，Organ（1988）的组织公民行为概念及其定义已得到学术界的普遍认可，并被广泛引用。现有的顾客公民行为研究在界定顾客公民行为的概念时，也大多借鉴了Organ（1988）的组织公民行为的定义。

2. 组织公民行为的维度构成

组织公民行为概念自提出以来，一直被看作一个多维度的概念，但是在具体的维度构成上，学者们的意见尚不统一。至今，针对组织公民行为概念的维度构成进行的相关研究数量众多，其中，具有代表性的主要包括二维度、三维度、五维度和七维度四种观点（见表2－5）。下面我们就分别对这四种观点进行简要回顾。

表2－5　　组织公民行为概念构成的主要观点

文献出处	维度个数	具体维度
Smith等（1983）	2个	利他、一般性顺从
Graham（1991）	3个	组织顺从、组织忠诚、组织参与
Organ（1988）	5个	利他、尽职行为、公民美德、运动员精神、礼貌行为
Podsakoff等（2000）	7个	帮助行为、运动员精神、组织忠诚、组织顺从、个人主动性、公民美德、自我发展

二维度。Smith、Organ和Near（1983）的研究在组织公民行为理论研究中具有开创性的地位。在这篇文献中，Smith等人将组织员工的公民行为明确地区分为两种：利他和一般性顺从。利他是指直接指向特定个人（组织中的其他员工、直接上司等）的帮助行为，如帮助新同事。一般性顺从是指作为“一个好员工应该做出的行为”，如准时、不浪费工作时间、提出积极的建议等。这两种公民行为具有明显的差异，利他行为是指向组织中特定个体的，通常是在没有任何外部报偿的情况下做出的行为；而一般性顺从通常是指向组织的，并且与利他行为不同的是，一般性顺从通常是在期待有报偿或者为了避免惩罚的情况下做出的行为。

三维度。Graham（1991）借鉴政治学和社会历史学中的“公民”概念，将其扩展到组织情境中，将组织公民行为等同于公民责任，并将组织公民行为定义为，对组织有积极影响的所有员工的个体行为。在此基础之上，Graham（1991）提出组织公民行为的三个维度：组织顺从、组织忠诚和组织参与。组织顺从，是指员工承认并接受组织结构、工作职责描述以及员工政策等规章制度的倾向，具体表现为遵守规章制度、准时上班、按时完成工作任务等。组织忠诚，指对组织

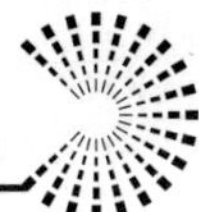

的领导者和组织整体表现出的超越个人、工作团队和部门利益的认同，如维护组织的良好声誉。组织参与，指对组织事务表现出高度兴趣，负责地、全身心地投入到组织的管理中，包括参加未被要求参加的会议、与他人分享观点和新想法等。

五维度。Organ（1988）提出了组织公民行为的五个维度，包括：利他、尽职行为、公民美德、运动员精神和礼貌行为。其中，“利他”和“尽职行为”分别与Smith，Organ和Near（1983）的二维度观点中的“利他”和“一般性顺从”相一致；公民美德指自觉关心和积极参与组织各项活动的行为；运动员精神是指员工在工作中表现出的“克己”行为，如面对偶尔出现的挫折、不公平而不会抱怨、申诉、谴责、威胁或发牢骚；礼貌行为是指在采取可能影响其他同事工作的行动以前，进行检查或者将有关情况与对方进行沟通，以避免可能与别人在工作上发生问题的行为。在Organ（1988）的五维度观点提出之后，其他研究者的大量研究采纳了这一研究框架，使得Organ（1988）的五维度观点得到广泛认可。

七维度。Podsakoff等（2000）对其之前的组织公民行为相关的理论和实证研究文献进行了回顾和梳理，在对众多的维度进行比较和归纳的基础上，概括出了组织公民行为的七个维度。这七个维度分别是：帮助行为、运动员精神、组织忠诚、组织顺从、个人主动性、公民美德和自我发展。Podsakoff等（2000）的帮助行为维度包含了Smith，Organ和Near（1983）以及Organ（1988）的利他（altruism）维度，同时还包括了Organ（1988）的礼貌行为（courtesy）维度。关于运动员精神维度，Podsakoff等（2000）对Organ（1988）在这一维度上的定义进行了扩展，认为“好运动员”不仅仅是在面对别人给自己带来的不可避免的不方便时不抱怨，还会在事情没有按照他们的方式发展时保持一种积极的态度，并且愿意为了工作团队的利益牺牲个人的利益。组织忠诚维度与Graham（1991）提出的同一维度是一致的，包括向组织外部人员宣传组织、保护和抵御组织不受外部威胁等行为。Podsakoff等（2000）的组织顺从维度与Smith等（1983）的一般性顺从、Graham（1991）的组织顺从维度是一致的，指的是组织中的个人对组织的各种规章、制度、程序的内化和接受，因而在无人看到或监管的情况下仍然能够认真遵守。个人主动性维度与Organ（1988）的尽职行为维度类似，包括提高个人和组织绩效的创造性和革新性行为，对完成个人的工作保持持续的、额外的热情和努力、自愿承担额外的责任并鼓励组织中的其他人也这样做的行为。公民美德维度与Organ（1988）的公民美德和Graham（1991）的组织参与是一致的，包括积极参与组织管理、监控环境威胁与机会、关心组织利益等。自我发展维度指的是员工自愿、主动提高自身的知识、技巧和能力的行为。

纵观上述关于组织公民行为概念构成的观点，我们可以看出，组织公民行为是一个多维度的概念。此外，尽管在组织公民行为概念的具体构成维度上仍未达成一致的意见，但是，除了 Graham（1991）的研究，多数学者都关注了组织公民行为的两种指向，即指向组织的组织公民行为（如 Smith 等（1983）的"一般性顺从"；Organ（1988）的"尽职行为"、"公民美德"、"运动员精神"）和指向组织中的其他个人的组织公民行为（如 Smith 等（1983）的"利他"；Podsakoff 等（2000）的"帮助行为"）。

3. 组织公民行为概念的整合分类方法

从上述对组织公民行为概念的构成维度的回顾中可以看出，尽管多数研究者关注到了组织公民行为的两种指向，但是，却一致地将组织公民行为看作一个由多个分散的、独立的维度构成的集合构念。在组织的实际运作中，员工所表现出的组织公民行为类别众多，并且彼此间存在着千丝万缕的联系。按照列举的方法来探讨组织公民行为的维度构成，似乎只能使这个问题越来越复杂，很难达成一致的意见。因而，在研究中，开始有学者寻求整合的分类方法。

事实上，在上述组织公民行为构成维度的文献回顾中，我们就曾提到，在组织公民行为理论的开创性研究中，Smith，Organ 和 Near（1983）就明确地将他们所识别出的组织公民行为的两个维度——"利他"和"一般性顺从"，分别描述为"一类表现为直接指向特定个人的帮助行为"和"一类与利他行为具有实质区别的、更多地是为了组织而不是为了特定个人而做出的行为"。但是，Smith，Organ 和 Near（1983）的研究意图是界定组织公民行为的性质，对于组织公民行为指向性问题的描述是出于界定维度的需要，仅仅把它作为区分组织公民行为维度的一个标准。

Williams 和 Anderson（1991）以 Smith，Organ 和 Near（1983）的研究为基础，根据组织公民行为指向对象的不同，将组织公民行为分为两个大的类别，明确提出了 OCBO（OCB directed to the Organization）和 OCBI（OCB directed to Individuals）的概念。OCBO 是指指向组织整体并直接对组织有利的行为，如为组织提出改进建议的行为；OCBI 是指指向特定个人并直接有利于个人（包括直接上司和同事）而间接有利于组织的行为，如主动分担上司的工作或者帮助工作团队中其他同事的行为。Williams 和 Anderson（1991）指出，按照行为的不同指向对组织公民行为概念进行划分是非常重要的，因为已有的研究结果表明，这两类不同指向的组织公民行为具有不同的前因。尽管指向个人的组织公民行为最终也对组织有利，但是，这不是员工做出这类行为的初衷。Williams 和 Anderson（1991）对组织公民行为概念的划分，使得组织公民行为从一个由多个分

散的、独立的维度构成的集合概念，发展成为一个具有多层次、多维度构成的概念。在后续的研究中，学者们把这种依据行为的不同指向对组织公民行为进行研究的方法称为“多焦点研究方法”(multifocal approach)。

2.2.2 顾客公民行为研究

1. 顾客公民行为的概念

关于顾客公民行为的研究最早出现在 Gruen（1995）的研究中。Gruen（1995）在探讨企业 B2C 关系营销的结果时，借鉴员工组织公民行为的相关研究提出，顾客也具有和组织员工类似的公民行为，顾客的公民行为是企业 B2C 关系营销带来的顾客在行为方面的结果。借鉴组织公民行为的定义，Gruen（1995）将顾客的公民行为（Citizenship Behavior，CB）定义为，顾客做出的、被组织所欣赏或认为有价值的，与顾客角色要求没有直接关系的、对组织有帮助的建设性行为，并对顾客做出的公民行为进行了定性研究。

Gruen（1995）之后，顾客公民行为引起了服务营销领域的广泛关注。Bettencourt（1997）使用顾客自愿行为（Customer Voluntary Performance，CVP）这一概念名词，在实体零售杂货店情境下对顾客公民行为进行了实证检验，并将顾客自愿行为定义为，顾客自主决定的、有助于组织提高服务质量的顾客行为。

顾客公民行为（Customer Citizenship Behavior，CCB）这一概念名词是由 Groth（2001）最先明确提出并使用的。Groth（2005）将顾客公民行为定义为，不为生产或服务的成功传递所必需的、顾客自主自愿采取的行为，这类行为在总体上有益于企业服务质量和企业效能的提高。

Rosenbaum 和 Massiah（2007）沿用了 Bettencourt（1997）的顾客自愿行为这一概念名词。尽管都使用了顾客自愿行为这一概念名词，但是，Rosenbaum 和 Massiah（2007）扩展了 Bettencourt（1997）的顾客自愿行为概念的内涵，并进一步将顾客自愿行为分为两类：顾客公民行为和顾客关照行为。根据 Rosenbaum 和 Massiah（2007）对其顾客公民行为概念的界定，其内涵与 Bettencourt（1997）的顾客自愿行为是一致的，实际上，他们是用顾客公民行为这一概念名词指代了 Bettencourt（1997）的顾客自愿行为。此外，他们提出了另一种顾客自愿行为——顾客关照行为，指的是顾客出于共情和责任感而愿意给予其他顾客帮助的行为。但是，很明显，Rosenbaum 和 Massiah（2007）对顾客关照行为的界定是存在问题的，共情和责任感是个体的个性特征而不是行为，共情和责任感更可能是顾客自愿行为的前因而不是行为本身。

Bove 等（2009）认为，顾客的某些自愿行为可能是与组织的目标相悖的，如顾客向组织雇员提供更高薪资的工作机会信息，或者告知其他顾客竞争企业的价格更低。基于此，Bove 等（2009）使用“顾客组织公民行为”来替代 Bettencourt（1997）的“顾客自愿行为”，并将顾客组织公民行为定义为，顾客在服务交付要求的顾客角色之外自愿做出的、目的在于帮助组织并有益于组织效能的行为。Bove 等（2009）认为，对组织有益是顾客组织公民行为与其他顾客自愿行为的关键区别。

通过以上文献回顾，我们可以发现，尽管学者们使用的指代顾客公民行为的概念名词仍不统一，但是，对于顾客公民行为的概念界定是基本一致的，如表 2-6 所示。

表 2-6　　顾客公民行为的概念及定义

概念名词	定义	文献出处
公民行为（CB）	顾客做出的、被组织所欣赏或认为有价值的，与顾客角色要求没有直接关系的、对组织有帮助的建设性行为	Gruen（1995）
顾客自愿行为（CVP）	顾客自主决定做出的、有助于组织提高服务质量的行为	Bettencourt（1997）
顾客公民行为（CCB）	不为生产或服务的成功传递所必需的、顾客自主自愿采取的行为，这类行为在总体上有益于企业服务质量和企业效能的提高	Groth（2005）
顾客组织公民行为（Customer OCB）	顾客在服务交付要求的顾客角色之外自愿做出的、目的在于帮助组织并有益于组织效能的行为	Bove 等（2009）

从表 2-6 中学者们给出的顾客公民行为定义，我们可以看出，顾客公民行为具有两个基本特征：第一，顾客公民行为是顾客自主决定的一种自愿行为；第二，顾客公民行为是一种对企业有益的顾客行为。顾客公民行为概念的这两个基本特征将为我们后面界定虚拟社区情境下的顾客公民行为提供概念基础。

2. 顾客公民行为的维度构成

由于是定性研究，Gruen（1995）并未明确提出顾客公民行为的维度，而是参照 Organ（1988）提出的组织公民行为的 5 个维度，列举了顾客公民行为的具

体表现类别，包括：积极的口碑；参与企业组织的研究活动（如新产品测试）；展示与企业的关系（如佩戴印有企业或品牌标志的T恤或帽子）；为改进企业产品和工艺提出建议；参与企业发起的活动；对其他顾客的机会行为进行监督；对可预知的问题进行提前沟通（如主动取消某项预约）、应公司要求灵活处理（如改变送货时间）等。

Bettencourt（1997）认为，真正理解顾客导向和关系营销导向含义的企业将顾客作为企业的潜在伙伴，并努力激发顾客发挥合作伙伴的作用。作为企业的合作伙伴，顾客可能做出三种重要的行为以支持服务企业服务质量的提升。第一，顾客可能是企业产品和服务的有效的促销员；第二，顾客在服务接触过程中会表现出各种合作行为；第三，顾客是服务改进和创新信息的重要来源。以此为基础，Bettencourt（1997）提出顾客自愿行为的3个维度：忠诚、合作和参与。忠诚是指顾客超越自身利益而促进企业利益的行为，表现为顾客传播企业的积极口碑，将企业推荐给亲戚和朋友；合作是指顾客遵守或配合企业规则的行为，如保持卖场清洁、对服务企业一线员工表现出友善和尊重等；参与是指顾客通过建议或积极的投诉等反馈方式帮助企业改进服务的行为。

Groth（2005）的研究是迄今唯一一项在互联网环境中开发顾客公民行为测量量表的研究，其研究情境是互联网B2C购物商城。此量表包括3个维度：推荐，即向家人、朋友、同事或其他对企业产品或服务感兴趣的人推荐企业的产品或服务；向企业提供反馈，即参与企业的调查活动、向企业提供建议等；帮助其他顾客，即帮助其他顾客搜寻产品信息、解释如何正确使用产品或服务等。虽然Groth（2005）的研究是在互联网环境下进行的，但是，Groth（2005）认为，其量表开发的结果可以在面对面的服务情境下加以复制。事实上，之后的多项线下研究都直接采用了Groth（2005）的量表。此外，我们注意到，与Gruen（1995）和Bettencourt（1997）的研究只关注指向企业的顾客公民行为不同，Groth（2005）的量表中第一次出现了一个指向其他顾客的顾客公民行为维度，即“帮助其他顾客”维度。

Rosenbaum和Massiah（2007）没有开发顾客公民行为测量量表，他们在对顾客公民行为进行测量时，直接采用了Bettencourt（1997）的顾客自愿行为的量表，只是针对研究所选择的不同的服务情境，对其中的部分测量题项进行了适当的调整。此外，在顾客公民行为的三个维度上，相对弱化了“忠诚”维度，倾向于采用“口碑”来代替。尽管Rosenbaum和Massiah（2007）提出的顾客关照行为在概念界定上存在问题，但是，通过其试图将顾客关照行为与其他顾客自愿行为加以区别，可以看出，顾客做出的指向其他顾客的公民行为已开始引起学者们的关注。

Bove 等（2009）参照已有的组织和营销文献，在药房、理发店和医院三种线下服务情境下，开发了包括 8 个维度的顾客组织公民行为量表。这 8 个维度分别是：积极的口碑；服务改进建议；参与企业活动；仁慈行为；监察其他顾客；灵活性；积极的抱怨；关系展示。其中，仁慈行为与 Bettencourt（1997）的合作行为含义一致，剩下的 7 个维度，除了“积极的抱怨”，其余 6 个维度在 Gruen（1995）列举的顾客公民行为类别中都出现过。Bove 等（2009）对顾客组织公民行为维度的划分仍然是列举式的，缺少必要的概括性。但是，Bove 等（2009）指出，顾客组织公民行为的指向对象不是单一的，可以指向服务组织、服务员工以及其他顾客。然而遗憾的是，他们所列举的这 8 类顾客组织公民行为中，除了“仁慈行为”是指向服务员工的，其余全部都是指向服务组织的，对于指向其他顾客的顾客公民行为则没有涉及。

Yi 和 Gong（2012）在包括零售、餐厅、发廊、旅游等多种服务行业中开发了一个顾客公民行为的测量量表。在这个量表中，顾客公民行为包括 4 个维度：反馈（feedback）、拥护（advocacy）、帮助（helping）和宽容（tolerance）。反馈是指顾客在要求或未被要求的情况下主动向企业员工提供信息的行为；拥护指的是向朋友或家人等推荐企业或企业员工的行为；帮助指的是目的在于帮助其他顾客的顾客行为；宽容指的是当服务没有达到顾客期望时，顾客保持耐心的意愿。尽管使用了不同的维度概念名词，但是，Yi 和 Gong（2012）的顾客公民行为维度与 Groth（2005）的研究是基本一致的，只是比 Groth（2005）增加了一个“宽容”维度。

此外，国内学者范钧（2011）以 Williams 和 Anderson（1991）对组织公民行为的分类为基础，将顾客公民行为按照指向和直接受益对象的不同分为 3 个维度，即指向组织的顾客公民行为、指向组织员工的顾客公民行为和指向其他顾客的顾客公民行为。

我们将现有文献中有关顾客公民行为构成维度的研究总结在表 2-7 中。

表 2-7　现有文献中顾客公民行为的维度

文献	维度的个数	CCB 维度	研究情境
Bettencourt（1997）	3 个	①忠诚 ②合作 ③参与	线下 （零售杂货店）

续 表

文献	维度的个数	CCB 维度	研究情境
Groth（2005）	3 个	①推荐	线上 （购物商城）
		②反馈	
		③帮助	
Bove 等（2009）	8 个	①积极的口碑	线下 （药房、理发店、医疗服务）
		②服务改进建议	
		③参与企业活动	
		④仁慈行为	
		⑤监察其他顾客	
		⑥灵活性	
		⑦积极的抱怨	
		⑧关系展示	
Yi 和 Gong（2012）	4 个	①反馈	线下 （跨服务行业）
		②拥护	
		③帮助	
		④宽容	
范钧（2011）	3 个	①指向组织	线下 （团队旅游服务）
		②指向组织员工	
		③指向其他顾客	

从表 2－7 中我们可以看出，现有的顾客公民行为测量量表还很不成熟，不同学者开发的量表在顾客公民行为概念的构成维度、维度的个数及内涵等方面都存在较大差异。此外，现有的顾客公民行为测量量表主要是在互联网线下面对面的情境下开发的，缺少对互联网环境的关注。在表 2－7 所反映的 5 项有关顾客公民行为测量量表开发的研究中，仅有 Groth（2005）的量表研究是在互联网情境下进行的。因此，本研究拟在虚拟社区情境下开发顾客公民行为的新量表是非常必要的。

3. 顾客公民行为的前因

顾客公民行为是顾客自愿做出的对企业有益的行为，了解顾客为什么做出以及哪些因素促使顾客做出公民行为，对于企业管理实践具有直接的重要意义，因此，从顾客公民行为概念提出以来，顾客公民行为的前因研究就一直受到学者和营销实践者的关注。

Gruen（1995）认为，顾客的公民行为是企业 B2C 关系营销带来的顾客在行为方面的结果。以此为基础，Gruen（1995）构建了关系质量变量与顾客公民行为之间关系的理论模型，如图 2－9 所示。

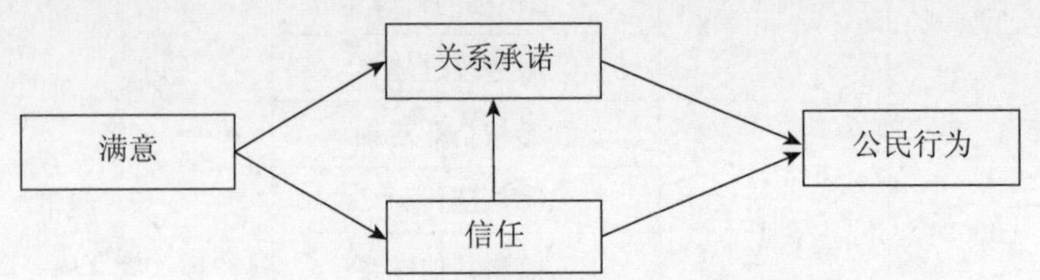

图 2－9　Gruen（1995）的顾客公民行为前因理论模型（简化）

Bettencourt（1997）认为，顾客与企业之间的关系是一种社会交换关系，顾客是否做出包括积极的口碑、与企业服务人员合作以及为企业改进提出建议的顾客自愿行为，取决于顾客对自身与企业之间的社会交换关系的感知。在开发包含忠诚、合作和参与三个维度的顾客公民行为测量量表的基础上，Bettencourt（1997）以社会交换理论为基础，构建了顾客整体满意、顾客感知支持、顾客承诺与顾客自愿行为的三个维度之间的关系模型，如图 2－10 所示。实证研究结果支持了研究中的大部分假设。

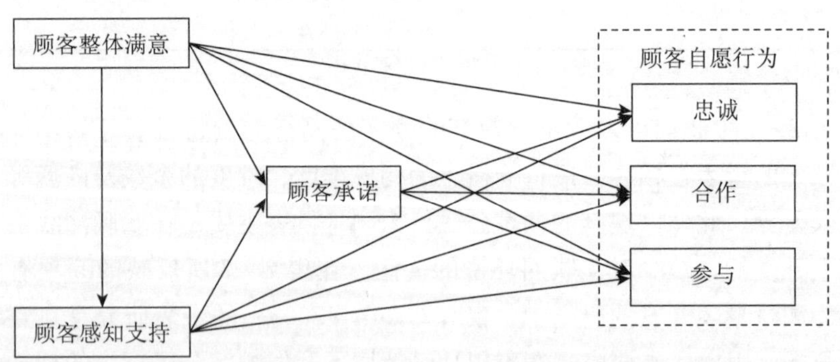

图 2－10　Bettencourt（1997）的顾客公民行为前因模型

Chung（2006）利用大学休闲运动参与者样本检验了整体服务质量感知、整体顾客满意和顾客公民行为之间的关系，并同时检验了顾客卷入度对服务质量感知、顾客满意和顾客公民行为之间关系的调节作用，如图 2－11 所示。数据是从美国东南部一所大学的 228 名学生中收集的。研究结果显示，整体感知服务质量和整体顾客满意都对顾客公民行为有显著影响，此外，整体服务质量感知对整体顾客满意有正向影响，但是，顾客卷入的调节作用只在整体服务质量感知与整体顾客满意之间的关系中证明是存在的。

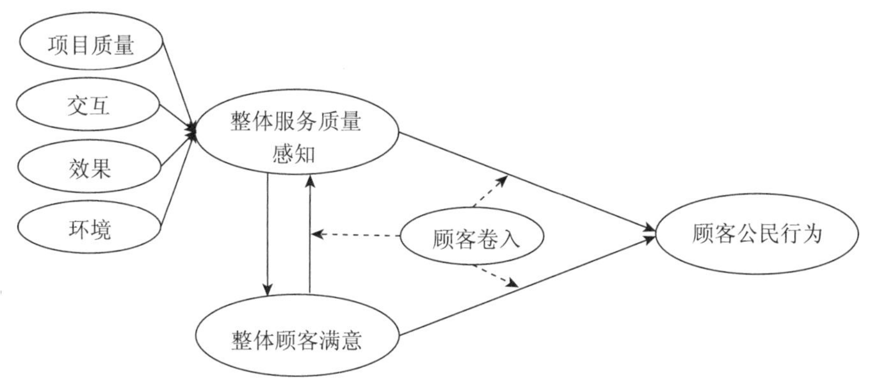

图 2－11　Chung（2006）的顾客公民行为前因模型

范钧（2011）以已有的顾客公民行为研究为基础，在线下团队旅游服务情境下，构建了顾客参与、顾客满意与顾客公民行为之间关系的模型，如图 2－12 所示。借鉴 Williams 和 Anderson（1991）对组织公民行为的划分方法，范钧（2011）将顾客公民行为按照指向对象的不同分为 3 个维度，分别是指向组织、指向服务人员和指向其他顾客的顾客公民行为。实证研究结果显示，顾客满意对顾客公民行为各维度均有显著影响，顾客参与对顾客公民行为具有直接正向影响，同时通过顾客满意间接影响顾客公民行为。

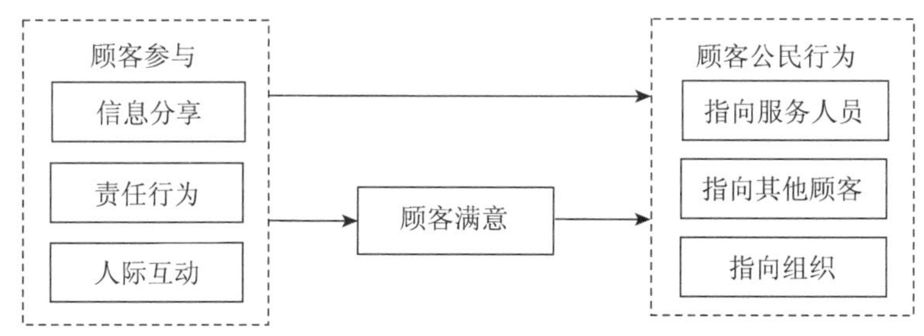

图 2－12　范钧（2011）的顾客公民行为前因模型

谢礼珊等（2008）以社会交换理论为基础，在旅游预订网站服务情境下，验证了信息公平性和满意感对顾客公民行为具有正向影响，但是信任对顾客公民行为没有直接的正向影响，信任通过满意间接影响顾客公民行为（见图 2-13）。

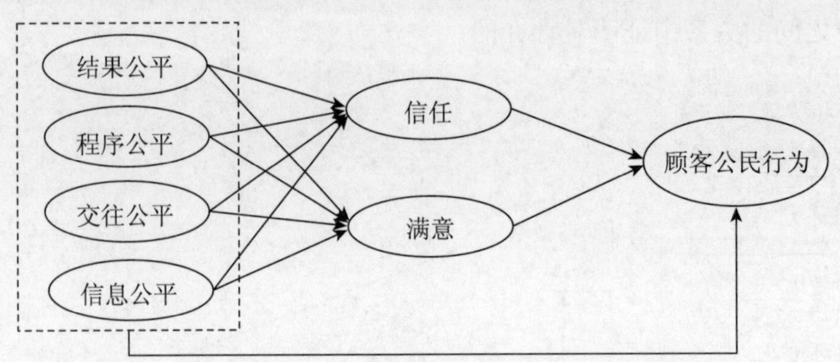

图 2-13　谢礼珊等（2008）的顾客公民行为前因模型

目前有关虚拟社区环境中顾客公民行为的研究几乎是空白。Joe 和 Lin（2008）在虚拟游戏社区情境下提出，个人因素和环境因素是在线社区公民行为（online community citizenship behavior）的关键驱动因素，如图 2-14 所示。实证研究结果显示，“结果期望”和“规范影响”对在线社区公民行为具有显著影响。但是，Joe 和 Lin（2008）将“在线社区公民行为”视作是“传统社区公民行为”的一种特殊形式，对虚拟游戏社区中成员公民行为的探讨是基于社会学的角度，关注环境因素和个体因素对个体社会行为的影响，而不是从企业营销管理的视角对顾客行为进行的探讨。

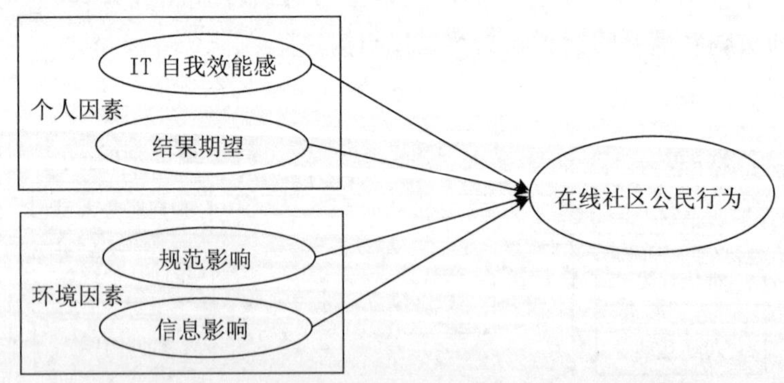

图 2-14　Joe 和 Lin（2008）的顾客公民行为前因模型

此外，许博和邵兵家等（2011）在虚拟社区情境下，实证检验了虚拟社区感对顾客公民行为具有的积极影响。尽管所研究的对象是虚拟社区成员的公民行为，即顾客公民行为，但是，许博和邵兵家等（2011）在研究中却采用了组织公民行为的概念、维度及其测量量表，明显混淆了员工与顾客的角色，如图 2-15 所示。

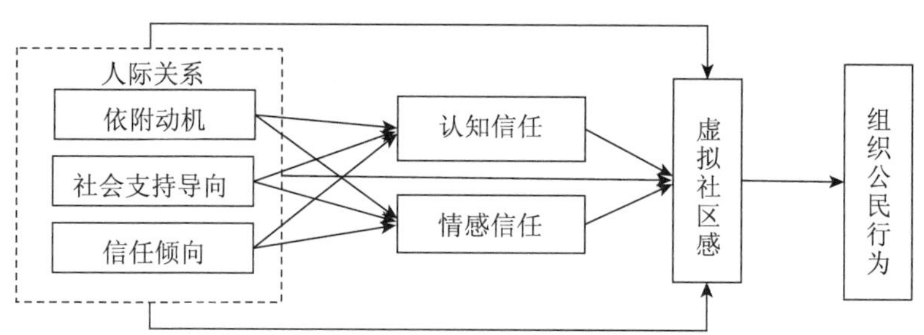

图 2-15 许博和邵兵家等（2011）的顾客公民行为前因模型

我们对现有文献中顾客公民行为的前因进行了总结，如表 2-8 所示。

表 2-8 现有文献中顾客公民行为的前因

文献	研究情境	顾客公民行为前因
Gruen（1995）	线下非实证	信任、关系承诺
Bettencourt（1997）	杂货店	满意、承诺、感知企业支持
Chung（2006）	大学休闲运动服务	整体服务质量感知、整体顾客满意
Yi 和 Gong（2006）	健身中心	感知公平、承诺
Rosenbaum 和 Massiah（2007）	体育馆	其他顾客的社会情感支持
Yi 和 Gong（2008b）	教育行业	满意、承诺
Bove 等（2009）	线下服务情境	顾客对服务组织员工的承诺
Bartikowski 和 Walsh（2011）	线下	公司声誉、承诺、忠诚倾向
范钧（2011）	团队旅游	顾客参与、满意
Groth（2005）	网络购物商城	顾客满意
谢礼珊等（2008）	旅游预订网站	服务公平性、满意、信任
许博和邵兵家等（2011）	虚拟社区	虚拟社区感
Joe 和 Lin（2008）	游戏社区	结果期望、规范影响

从表 2-8 中我们可以看出，与顾客公民行为量表开发一样，目前的顾客公

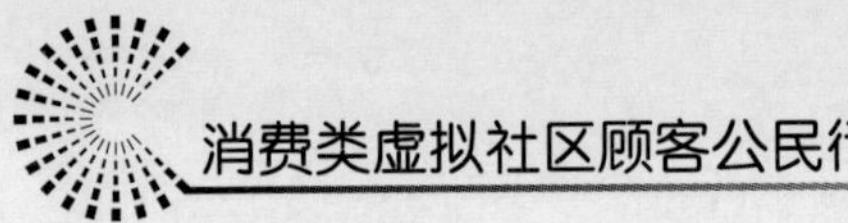

民行为前因研究也主要限于互联网线下环境，针对互联网环境的相关研究还很少，尤其是针对虚拟社区环境进行的顾客公民行为研究还几乎是空白。仅见的研究中，Joe 和 Lin（2008）的研究是从社会学的角度而非企业营销管理的视角进行的探讨；而许博和邵兵家等（2011）尽管是以虚拟社区成员公民行为作为研究对象，但是却采用了组织公民行为的概念、维度及测量量表。因此，从严格意义上来讲，目前在虚拟社区情境下，尚未有学者从企业营销的角度探查顾客公民行为的前因。此外，到目前为止，在线下环境中进行的顾客公民行为前因研究，很大程度上直接借鉴了组织公民行为的前因研究，试图检验员工组织公民行为的前因因素，如感知公平、满意、信任、承诺等，也同样会对顾客公民行为产生影响。我们认为，顾客与员工不同，顾客与企业之间不存在雇用与被雇用的契约关系，因此一些在组织情境中对员工组织公民行为具有显著影响的因素可能对顾客公民行为没有影响，如感知公平；并且，顾客公民行为一定存在不同于组织公民行为的前因。本书中，我们将在借鉴已有顾客公民行为前因研究的基础上，在虚拟社区情境下探查顾客公民行为的前因。

4. 顾客公民行为的结果

现有顾客公民行为文献对顾客公民行为的前因进行了较为广泛和深入的研究，但是对于顾客公民行为的结果却少有关注。在互联网线下研究中，目前只有 Yi 和 Gong（2006）的研究对顾客公民行为的结果有所探讨。Yi 和 Gong（2006）利用一家健身中心的健身课程班学员样本，实证检验了顾客公民行为与顾客服务质量感知之间的相关性，研究结果表明，顾客公民行为对顾客服务质量感知具有正向影响。此外，Ng 和 Matanda（2009）在互联网环境下，利用具有博客购物体验的顾客样本，通过在线调查方法，对博客零售环境下顾客服务质量感知与顾客公民行为对顾客在线忠诚的影响进行了实证研究。结果表明，顾客服务质量感知和顾客公民行为是顾客在线忠诚的主要前因，并进一步证明，顾客公民行为对顾客服务质量感知与顾客在线忠诚之间的关系具有部分调节作用。

可能是由于学者们在界定顾客公民行为时，都将顾客公民行为定义为一种对企业有益的行为，认为顾客公民行为对企业有益是想当然的，因此，将更多的关注投向探查这种行为的影响因素及促发机制，而忽略了对这种行为到底对企业的哪些方面有益、又是如何产生影响的关注，结果造成目前在顾客公民行为结果研究方面几乎还是空白。企业关系营销的核心目标是建立顾客忠诚，因此，本研究试图检验虚拟社区情境下的顾客公民行为对顾客虚拟社区黏性倾向即社区忠诚的影响。

2.3 本书的理论基础

2.3.1 社会交换理论

社会交换理论（Social Exchange Theory，SET）于20世纪60年代兴起于美国，学科领域涉及人类学、经济学、社会学和社会心理学，主要代表人物包括霍曼斯、布劳等。由于对人类社会交换行为的深刻洞察，社会交换理论被广泛应用于各种学科领域，并被多种学科领域的研究证明了其理论解释能力。

社会交换理论认为，交换行为是人类最基本的社会行为。借鉴经济学的经济人假设和人类学对人类交换行为的研究成果，社会交换理论将人类的交换行为区分为两类，即经济交换和社会交换。社会交换是类比经济交换提出的，但是，社会交换与经济交换存在明显的不同。经济交换是以契约为基础的，具有明确的交换双方、明确的交换物和交换数量，并且交换行为发生的时间也是确定的；但是，社会交换是没有契约约束的，存在很多的不确定性，回报的有无是不确定的，并且回报发生的时间以及回报的形式也都是不确定的。正是因为存在众多的不确定性，社会交换理论认为，社会交换遵循互惠的基本原则，即要求人们应该等价地回报那些曾经帮助过他们的人。

尽管在社会交换理论中存在多个流派，不同流派的理论观点也不尽相同，但是，它们都是建立在对人性的三种假设基础之上的，即人是理性的、经济的和享乐主义的。这些假设为学者们在多种学科领域探寻个体行为产生的原因提供了理论基础。首先，社会交换理论的各个流派均不同程度地假设人类是理性的、目标取向的，人们能够预测自己行为的结果，并引导自己的行为向着预期达到的目标表现。霍曼斯（1974）进一步解释说，理性与意识无关，未被意识到的行为并不一定是非理性的。其次，社会交换理论的经济人假设与理性人假设是内在联系的，理性是在追求利益的过程中表现出来的，个体是否做出社会交换行为，取决于个体对自身在社会交换中付出的成本和获得的收益的衡量。布劳（1964）在阐述其在这个问题上的观点时指出，帮助他人的倾向常常伴随着这样的期望动机，即这样做会带来社会报酬。此外，社会交换理论的享乐主义假设认为，人类具有本能的追求快乐和避免痛苦的动机，这一动机是人类行为的根源，所有的情感包括爱和利他都可以归结为为了追求快乐或回避痛苦。在上述假设的基础之上，社会交换理论将社会交换看作一种包括有形和无形资源的交换过程。Foa 和 Foa（1975）具体探讨了社会交换的资源类型，提出人们彼此交换的六种类型的资源，除了具有经济价值的商品、服务、信息和金钱，人们还彼此交换爱和地位，即社会交换不仅限于物质产品，也包括象征的价值（如地位、声望和赞同）。

在组织公民行为理论近 30 年的研究中，社会交换理论一直被作为一个主要的理论，用来探查和解释组织中员工组织公民行为的前因，并被大量的研究证实了其解释能力。组织公民行为理论认为，在工作组织中，受到员工与组织之间的工作契约约束的员工行为是很少的，大多数员工行为都是通过某种更自主的资源交换即社会交换来实现的，而组织公民行为正是这样的一种社会交换行为。组织公民行为研究运用社会交换理论解释员工组织公民行为是以互惠原则为基础的，认为组织公民行为是员工对于组织或上司所给予自己的某种物质的或者社会利益的一种回报，或者是因为员工期望或相信自己现在的行为将会在未来的某个时候得到组织的补偿。如，Organ 等（1993）认为，受知识、技能和能力的限制，员工在短时间内提升自身工作绩效的空间有限，因此，当员工对工作环境感到满意或者感受到了来自上司的公平对待时，员工通常会选择做出组织公民行为作为一种对组织或上司的报答。此外，Hui 等（2000）也发现，一些员工做出组织公民行为是为了获得提升。以社会交换理论为基础，组织公民行为研究者已发现的组织公民行为的前因主要包括感知公平、感知组织支持以及满意、信任、承诺等关系质量变量。此外，组织公民行为研究显示，虽然社会交换存在于员工与组织整体以及员工与组织中的其他个体（包括上司和员工）之间，但是，促使员工在不同的交换关系中做出组织公民行为的前因可能是不同的，例如，感知公平更可能使员工做出有助于组织或上司的公民行为而不是帮助其他员工。

顾客公民行为理论是建立在组织公民行为研究的基础之上的，因此，社会交换理论也通常被用来解释顾客的公民行为。如 Bettencourt（1997）以社会交换理论为基础，实证检验了满意、承诺和顾客感知支持对顾客公民行为的影响；Groth（2005）提出顾客与企业之间存在社会交换关系，当顾客对企业的服务满意或者感到其得到了超过期望的额外待遇时，他们会更倾向于通过采取对企业有利的公民行为以作为回报。

通过上述我们对社会交换理论及其在公民行为研究领域应用的回顾，我们认为，在消费类虚拟社区中，当顾客感到社区为自己提供了满意的服务时，也会以向社区提出建议以帮助社区改进服务等形式作为对社区的回报；而当顾客从其他顾客那里得到帮助时，会以同样帮助其他顾客的行为作为报答，即顾客公民行为是社区顾客与社区之间以及社区顾客彼此之间的一种社会交换行为。因此，社会

交换理论也可以为我们在消费类虚拟社区情境下探查顾客公民行为的前因提供理论支撑。我们将在第4章进行更为深入的阐述。

2.3.2 关系营销理论

自20世纪80年代提出以来，关系营销理论已得到营销学者和实践者的广泛认同，目前已成为营销领域理论研究的主流之一，并在企业实践中广泛应用。

关系营销的思想是将企业营销的范围扩大到企业的所有关系方，包括客户、供应商、竞争者、内部员工、政府机构等。关系营销是相对于传统的交易营销而提出的一种新的营销理念。与交易营销理念强调关系主体各方之间的一次性交易不同，关系营销理念强调与企业关系各方建立和保持长期持续的关系，即从交易交换转向关系交换。关系营销理念的提出从根本上改变了整个营销领域，带来了营销范式的真正转变。

企业关系营销的根本目标是建立、保持和增进与顾客之间的长期关系，而要实现这一目标就需要提升二者之间的关系质量。关系质量是随着关系营销理论的发展而逐步提出的一个概念，是关系营销理论的一个重要的核心概念。现有的关系质量的定义较多，但是多数参考了Crosby，Evans和Cowles（1990）给关系质量所下的定义。借鉴人际关系的相关理论，Crosby，Evans和Cowles（1990）将关系质量定义为顾客在过去满意的基础上，对销售人员未来行为的诚实与信任的依赖程度。这一定义被很多学者在多种研究情境中加以借鉴，如Johnson（1999）在探讨渠道成员之间的关系时，将关系质量定义为渠道成员之间关系的总体深度和气氛；同样在B2B情境下，Holmlund（2001）将关系质量定义为商业关系中合作双方根据一定的标准对彼此商业往来的效果的综合评价和认知。Hennig-Thurau（1997）等在B2C情境下提出了一个一般意义上的关系质量概念，认为关系质量是企业与顾客之间的关系对顾客的关系需求的满足程度，并认为关系质量可以归结为顾客对营销者及其产品（包括服务）的信任和承诺。

从关系质量的定义中，我们可以看出，关系质量并不是一个单一维度的概念。迄今为止，学者们在涉及渠道管理、供应商关系、战略联盟等多种情境下探讨了关系质量的构成维度，涉及的关系质量的构成维度包括满意、信任、承诺、合作、减少机会主义行为、沟通质量、参与以及冲突的共同解决。如Dwyer和Oh（1987）提出，满意、信任和减少机会主义行为是成功关系的基本特征。在Dwyer和Oh（1987）研究的基础上，Mohr和Spekman（2006）通过实证分析认为，任何成功的伙伴关系的基本特征都应是承诺、合作、信任、沟通质量、参与以及冲突的共同解决等。Crosby，Evans 和 Cowles（1990）在零售业背景下提出满意和信任是关系质量的构成维度，这一二维度的观点得到多数文献的支持。此外，Morgan 和 Hunt（1994）的承诺—信任理论模型将信任和承诺作为关系营销结果的关键中间变量，为后续的关系质量的探讨提供了有益的借鉴。尽管学者们关于关系质量构成维度的观点并不统一，但是，大多数学者都认为，无论在何种情境下，满意、信任和承诺都是关系质量的主要构成维度。

对关系质量的研究揭示出：好的关系质量可以带来顾客的各种关系行为，并可防止或减少顾客的机会主义行为。Morgan 和 Hunt（1994）构建了关系营销的关键中间变量模型（KMV 模型），将信任和承诺作为关系营销的前因变量和结果变量之间的关键中间变量。在这一模型中，Morgan 和 Hunt（1994）提出了信任和承诺可以带来的顾客在行为上的 5 个结果，包括默许、离开倾向、合作、功能冲突和不确定性。其中，默许是关系一方接受或遵守另一方的特殊要求的程度，这与 Bettencourt（1997）提出的顾客自愿行为的“合作”维度以及 Bove 等（2009）的“灵活性”维度相似；离开倾向是一方在近期终止关系的感知可能性，这与 Bettencourt（1997）的“忠诚”维度类似；合作是指关系双方共同工作以达成共同目标，这与 Bettencourt（1997）的“参与”和 Groth（2005）的“反馈”维度类似。顾客公民行为概念的提出者 Gruen（1995）也曾指出，顾客公民行为是企业 B2C 关系营销的结果。因此，我们可以认为，顾客公民行为是企业与顾客之间高质量的关系带来的顾客在行为上的结果。在后面第 4 章的模型构建中，我们将借鉴关系营销理论中有关关系质量的相关研究，尝试探查关系质量变量对消费类虚拟社区情境下顾客公民行为的影响。

此外，如前所述，企业关系营销的根本目标是建立、保持和增进与顾客之间的长期关系，即建立顾客忠诚。传统上，对顾客忠诚形成机制的研究主要遵循“顾企关系质量—顾客忠诚”的研究路线，探讨顾客满意、信任和承诺等关系质量构成维度对顾客忠诚的影响。并且实证研究证明，顾客满意、信任和承诺对顾客忠诚具有直接的积极影响。但是，传统的顾客忠诚形成机制研究也显示，顾客满意对顾客忠诚的影响是不稳定的，满意的顾客不一定忠诚。网络环境下的相关研究也为这一结论提供了证据。此外，关于网络环境下信任对顾客忠诚的影响，也有学者的研究表明，在电子商务环境下，顾客信任与顾客忠诚之间的直接关系并不显著。因此，我们认为，有必要进一步探查网络环境下顾客忠诚的形成机制。

互联网为企业与顾客之间的互动沟通提供了一个便捷的平台，消费者越来越多地参与到企业的生产和服务过程中，因此，一些学者开始从消费者行为的角度探查顾客忠诚的形成机制。Bagozzi 和 Dholakia（2006）和国内学者刘燕妮等（2010）分别在品牌虚拟社区和 C2C 网络购物情境下进行的相关研究表明，顾客参与可以通过减少顾客的转换行为和提高顾客对企业服务失误的容忍度而提高顾客的忠诚度。关于顾客网络口碑行为的研究也显示，网络口碑对顾客网络忠诚具有积极影响。目前，已有学者将上述两种路径的顾客忠诚形成机制的研究相结合，探查"顾客行为—顾企关系质量—顾客忠诚"的影响路径。我们认为，在虚拟社区情境下，对虚拟社区的服务和环境满意或信任的顾客会更多地参与社区并传播社区的积极口碑，关系质量的各个维度可能通过影响顾客的社区行为进而促使顾客形成社区忠诚。因此，在本书的第 4 章中，我们将尝试从"顾企关系质量—顾客公民行为—顾客忠诚"的影响路径，探查消费类虚拟社区顾客忠诚的形成机制。

2.3.3 自我决定理论

动机理论总是试图寻找和解释促使人们产生各种行为的原因。迄今为止，心理学和社会心理学领域已尝试从人的本能、外部刺激、学习和认知等多个角度探查人类行为的动机，并形成多种不同观点的动机理论。自我决定理论（Self－Determination Theory，SDT）是由美国心理学家 Deci 和 Ryan 等人在 20 世纪 80 年代提出的一种认知动机理论。经过多年的发展，这一理论已形成一套比较完整的关于人类动机的理论体系，并广泛应用于教育、医疗和管理等实践领域。

自我决定理论把个体行为的动机分为内部动机和外部动机。内部动机指个体出于兴趣和行为本身能够给个体带来的内在的快乐和满足感而从事某种行为。由内部动机驱动的行为是个体在没有外在要求、限制和功利压力的情况下，出于兴趣而产生的，是个体按照自己的意志决定的。换言之，内部动机使人们从行为自身获得快乐和满足。外部动机与兴趣和行为自身无关，而是与来自外部的某种控制有关，从事某种行为是为了获得伴随着这种行为而产生的另外一个结果，如为了获得回报、避免惩罚或为了履行自己的承诺等。外部动机通过外在因素的刺激或压力对行为产生影响。

与以往的动机理论不同，自我决定理论并不孤立地看待外部动机与内部动机，而是把动机看作是以外部动机和内部动机为两个端点的连续体，如图 2－16 所示。根据个体行为的自我决定程度或者说受到外部控制的程度不同，自我决定理论将外部动机进一步分为四种类型：外在调节动机、摄入调节动机、认同调节动机和整合调节动机。外在调节动机，是指个体的行为完全受到外部因素的控制，是为了满足外在的要求、获得某种奖励或避免某种惩罚而采取行动，这种动机驱使下的行为自我决定程度最低，如只有完成规定的工作量，员工才能拿到对应数量的薪酬。摄入调节动机，是指个体内在接受了部分外在的规则，尽管仍受到外部因素的控制，但是行为已开始受到一定内在因素的影响，如完不成工作量会使其他同事小看自己。认同调节动机，是指个体对外部规则进行评价，如果认为行为对自身是重要的、有价值的，就会发自内心接受外部规则并自我选择做出某种行为，如员工认同组织培训的重要性并积极参与培训活动。整合调节动机是指因行为与个体的目标一致而采取行为，是个体自主性最高的一种外在动机，如员工业余时间学习以丰富自己的知识。整合调节动机与内在动机具有相似的特征，但是，仍然属于外在动机的范畴，因为这种动机具有工具性，是为了获得行为所带来的某种结果，而不是为了追求行为本身带来的快乐和满足。从图 2 - 16 中，我们可以看到，从外部动机到内在动机，个体所受外界的控制越来越少，个体自我决定的程度越来越高。自我决定理论认为，动机的状态并不是静止的，存在着由外部动机向内部动机转化的动态可能性和过程。例如，整合调节动机就反映了外部动机的内在化过程，是一种最接近内部动机的外部动机。

自我决定理论从需要的角度来解释行为的动机，认为人类具有三种基本的心理需要：自主的需要、能力的需要和关系的需要。自主的需要是指个体按照自己的意愿对自身是否做出某种行为做出选择的需要；能力的需要是指个体在从事各种活动时体验到自身有能力胜任的一种需要；关系的需要是指与他人相联系、得到他人的理解、支持和欣赏以及给予他人理解、支持和欣赏的需要。自我决定理论认为，人类的三种基本心理需要既具有先天的成分，也会受到社会环境的影响。受外在因素激发的行为，个体缺少对行为的内在兴趣，但是，当个体在行为中体会到自主性，感知自己能够胜任并得到他人的赞赏和支持时，行为的外部动机就逐渐向内部动机转化。

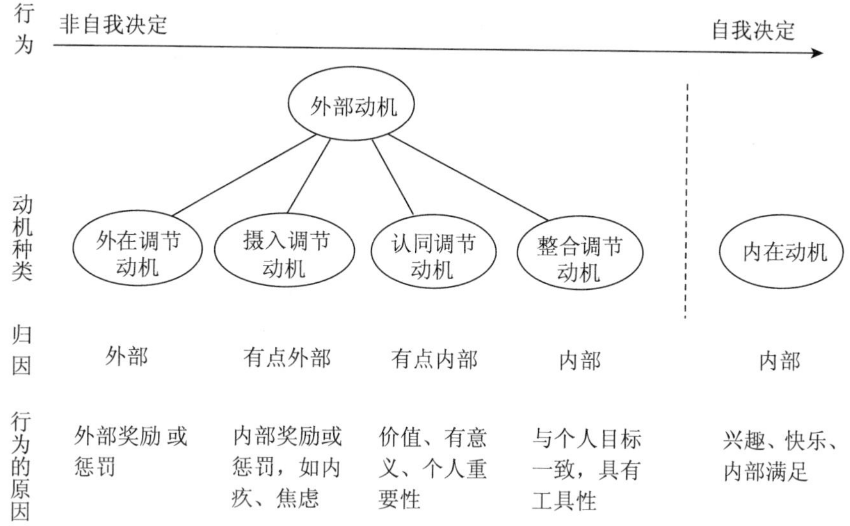

图 2-16 自我决定理论中的动机构成

资料来源：Deci 和 Ryan（2000），有适当改动。

自我决定理论在包括教育、运动、心理治疗、员工管理和组织行为等多种领域如今已得到广泛应用，但是，以自我决定理论来解释消费者行为的相关研究并不多见。汪涛等（2009）以自我决定理论为基础，实证检验了顾客行为的自我决定水平对顾客参与水平具有正向影响。王永贵等（2012）以自我决定理论为基础，探讨了虚拟品牌社区中顾客的能力感知和关系感知对顾客社区满意的影响。崔楠等（2013）在在线零售情境下，运用实验的方法实证检验了顾客的自我决定感知包括控制感知和兴趣感知对顾客的在线零售商店惠顾意愿的影响。从上述几项研究可见，现有以自我决定理论为基础进行的消费者行为研究，主要关注需要得到满足以后的消费者行为。但是，动机理论普遍认为，动机是行为的先导。行为首先是由满足某种需要的动机引起的，需要得到满足是行为欲达到的结果而不是行为的原因，需要的满足对行为的作用可能是抑制或加强，而不是促使行为发生。因此，我们认为，要促使顾客做出某种行为，探查行为背后满足某种需要的动机是一个更为有效的路径。

在消费类虚拟社区中，顾客在社区中表现出的各种参与行为背后，都内含着满足自身某种需要的动机。现有的虚拟社区鼠碑行为和知识共享行为研究已从顾客行为动机的角度进行了一定的探讨，但是，尚未有学者对顾客公民行为的动机进行研究。依据自我决定理论，我们认为，顾客在消费类虚拟社区中做出顾客公民行为，其动机也可以区分为内部动机和外部动机。例如，一些顾客会为了获得积分或社区等级的提升而在社区中发帖或回答其他顾客提出的问题，这些行为的动机即是一种外部动机。自我决定理论关于人类基本心理需要与内、外部动机的观点，可以为我们理解和探查消费类虚拟社区中的顾客公民行为动机提供很好的理论支撑。

2.3.4 社会认知理论

社会认知理论是社会心理学中的一个重要的理论分支。传统的行为主义学习理论认为，人的行为是被动接受外部刺激的结果，人是否做出某种行为完全取决于外部刺激，严重忽略了人的内在思维对自身行为的影响。鉴于传统行为主义学习理论在解释人类行为方面存在的局限，美国心理学家班杜拉在对社会行为进行长期观察与研究的基础上，提出社会认知理论（Social Cognition Theory, SCT），在传统的行为主义理论中加入了认知成分，认为人们的认知活动和他们的行为之间存在着因果关系，这些内在的思维活动和外部环境因素一起决定着人们的行为。

自我效能感（Sense of Self－efficacy）是社会认知理论的核心概念。班杜拉认为，在决定行为的内部因素和外部环境因素中，内在因素起着更为重要的作用。以此为基础，班杜拉提出自我效能感的概念。作为一种认知因素，自我效能感指的是人们对自己在特定领域中实现行为目标所需能力的信心或信念。换言之，自我效能感并不是一个人的真实能力，而是个体对自身完成特定任务所具有的行为能力的自信程度。社会认知理论认为，个体感知到的自我效能在影响个体行为方面扮演着重要的角色。当人们怀疑自己具备做出某种行为的能力即自我效能感较低时，人们会放弃行为或者使行为的结果大打折扣甚至落空。

目前，在虚拟社区环境下，以社会认知理论为基础探查社区成员行为的相关研究，主要集中于探讨自我效能感对虚拟社区知识共享行为的影响。Hsu 等（2007）在实践型虚拟社区中实证证明了自我效能感对知识共享行为具有直接影响，并通过成员对个人和社区相关的结果期望对知识共享行为产生间接影响。其他一些学者的相关研究也得到了类似的结论。张鼐和周年喜（2010）在专业虚拟社区中的研究显示，自我效能感和结果预期分别对虚拟社区成员的知识共享行为产生直接的正向影响。李枫林等（2011）利用来自帖吧、博客、论坛等虚拟社区用户样本，实证检验了自我效能感和结果期望对虚拟社区信息分享行为的影响，结果显示，对个人和社区相关的结果的感知通过信息分享意愿对信息分享行为产生间接影响，而自我效能感则直接影响信息分享行为。赵越岷等（2010）对消费

者在虚拟社区中的消费信息共享行为进行了研究，实证结果显示，自我效能感与消费者的虚拟社区信息共享意愿正相关，并通过信息共享意愿间接影响消费者的实际信息共享行为。

消费类虚拟社区中的顾客公民行为是与虚拟社区成员知识共享行为相类似的一种行为，消费者对自身采取顾客公民行为的自我效能感也一定会对其实际做出顾客公民行为产生某种影响。从上述几项探讨自我效能感对知识共享行为影响的相关研究来看，现有研究多倾向于检验自我效能感对顾客行为的直接影响。班杜拉强调，认知在人的行为中具有调节作用。自我效能感不是引起人们行为的原因，而只是对人的某种行为的发生与否以及行为的结果产生调节作用。因此，本书将借鉴社会认知理论的观点，尝试在消费类虚拟社区情境下，探查自我效能感对顾客公民行为与其前因变量间关系的调节作用，从而为更好地理解虚拟社区中顾客公民行为的形成机理做出有益的探索。

2.4 本章小结

本章我们对已有的虚拟社区情境下的顾客行为研究（包括顾客参与行为、鼠碑行为和知识共享行为）、顾客公民行为研究以及社会交换理论等相关理论进行了详细的回顾。通过回顾，我们一方面发现了现有研究的不足，另一方面也为本研究的开展找到了理论和实证研究的支持。

（1）对现有虚拟社区顾客参与行为、鼠碑行为和知识共享行为相关研究的回顾，为我们在消费类虚拟社区情境下探查顾客公民行为提供了必要性和文献基础。首先，从概念本身来看，顾客参与行为、鼠碑行为和知识共享行为都不能恰当地反映顾客有益于社区的行为，而顾客公民行为作为一种顾客做出的有益于企业的行为，可以弥补这些概念内涵上的缺陷。其次，在仅有的一两篇涉及顾客公民行为概念的文献中，混淆了顾客公民行为与鼠碑行为的概念，这为我们在消费类虚拟社区情境下界定顾客公民行为的概念提供了研究的必要性。此外，现有的虚拟社区顾客参与行为、鼠碑行为和知识共享行为研究，多数是在与产品或服务等消费话题不直接相关的实践型虚拟社区、在线问答社区或主要满足个体社会需求的虚拟游戏社区中进行的。从企业开展网络营销实践的角度来说，与产品或服务等消费话题相关的消费类虚拟社区对企业虚拟社区的营销活动无疑具有更为直接的意义。这为本研究以消费类虚拟社区作为研究情境提供了必要性。此外，已有的虚拟社区顾客参与行为、鼠碑行为和知识共享行为研究也为本研究提供了重要的文献基础。目前，在顾客公民行为研究领域，尚未有学者关注并探查顾客公民行为的动机，已有的鼠碑行为动机和知识共享行为动机研究，将为我们在消费类虚拟社区情境下探查顾客公民行为的动机提供理论研究的基础。最后，有关虚拟社区知识共享行为对顾客忠诚影响的相关研究，也将为我们在消费类虚拟社区情境下探查顾客公民行为对顾客社区黏性倾向的影响提供有益的启示。

（2）对组织公民行为和顾客公民行为已有研究的回顾，为本研究框架的确立提供了重要的文献支撑。首先，我们从学者们对顾客公民行为的定义中提炼出顾客公民行为的两个基本特征，为在虚拟社区情境下界定顾客公民行为提供概念基础。其次，现有的顾客公民行为构成维度划分还很不统一，因此，我们在消费类虚拟社区情境下开发顾客公民行为新量表是非常必要的，同时，已有的顾客公民行为维度研究必然构成我们量表开发的基础。另外，组织公民行为的“多焦点”研究方法也为我们在消费类虚拟社区情境下探查顾客公民行为提供了有益的启示和重要的文献支持。再次，现有的顾客公民行为前因研究结果显示，员工组织公民行为的某些前因因素如满意、信任、承诺等关系质量变量，同样会对顾客公民行为产生影响。我们将借鉴已有的研究结果，在消费类虚拟社区情境下，检验上述关系质量变量对顾客公民行为的影响。

（3）对社会交换理论、关系营销理论、自我决定理论和社会认知理论的回顾，为本研究模型的构建提供了理论基础。首先，依据社会交换理论，我们认为，消费类虚拟社区中的顾客公民行为是顾客做出的一种社会交换行为，并且这种社会交换行为会发生在顾客与社区之间，也会发生在顾客彼此之间。其次，关系营销理论为我们构建关系质量变量与顾客公民行为之间的关系，以及检验顾客公民行为对顾客社区忠诚即黏性倾向的影响提供理论支撑。再次，我们将以自我决定理论为基础，从需求的角度探查顾客公民行为的内、外部动机。最后，社会认知理论关于自我效能感的观点，将为我们在消费类虚拟社区情境下，探查自我效能感对顾客公民行为与其前因变量之间关系的调节作用提供理论依据。

3 虚拟社区顾客公民行为的内涵及测量量表开发

本章我们将完成本书的第一项研究任务，即开发虚拟社区顾客公民行为的测量量表。具体的开发程序是：首先，以第 2 章文献回顾为基础，借鉴现有的顾客公民行为定义并结合消费者定性访谈的结果，在消费类虚拟社区情境下，界定虚拟社区顾客公民行为的概念内涵；其次，运用焦点小组消费者访谈方法，结合现有文献中顾客公民行为概念构成维度的相关观点及已有的顾客公民行为测量量表，生成消费类虚拟社区情境下顾客公民行为的维度和初始测量题项；最后，通过预调研阶段对量表进行净化和修改，并进一步通过正式调研数据对净化之后的量表进行信度和效度检验，最终得到虚拟社区顾客公民行为的测量量表。

3.1 虚拟社区顾客公民行为的定义与构成维度

对顾客公民行为研究文献的回顾揭示出：现有的研究绝大多数都是在互联网线下环境中进行的，对互联网环境未给予足够的关注，尤其是在虚拟社区情境下，尚未有研究对虚拟社区中的顾客公民行为进行界定和测量。在这一节中，我们首先参照已有的顾客公民行为定义，结合消费类虚拟社区的特定情境，界定虚拟社区顾客公民行为的概念；然后，结合中国网络消费者定性访谈的分析结果，归纳总结出虚拟社区顾客公民行为的构成维度。

3.1.1 虚拟社区顾客公民行为的概念界定

在第 2 章对顾客公民行为概念的文献回顾中，我们提取出顾客公民行为的两个基本特征：一是顾客公民行为是顾客自主决定的一种自愿行为；二是顾客公民行为是一种对企业有益的顾客行为。我们认为，消费类虚拟社区中的顾客公民行为也同样具备顾客公民行为的这两个基本特征。此外，在消费类虚拟社区情境下，顾客公民行为指向的企业是为顾客提供互动交流平台服务的消费类虚拟社

区，顾客则是消费类虚拟社区的成员，因此，针对消费类虚拟社区的特定情境，本研究将虚拟社区顾客公民行为定义为：虚拟社区成员主动自愿做出的对虚拟社区有益的行为。

在对组织公民行为文献的回顾中，我们曾经提到，Williams 和 Anderson（1991）根据组织公民行为指向和直接受益对象的不同将组织公民行为分为两个大的类别，即 OCBO（OCB directed to the Organization）和 OCBI（OCB directed to Individuals）。OCBO 指的是员工做出的指向组织整体并直接对组织有益的行为；OCBI 指的是员工做出的指向特定个人（包括直接上司和同事）并直接有益于个人而间接有益于组织的行为。组织公民行为的研究者认为，按照员工组织公民行为的指向和直接受益对象的不同对组织公民行为概念进行划分是非常重要的，因为已有的研究结果表明，不同指向的组织公民行为具有不同的前因。

通过对顾客公民行为文献的回顾，我们可以看出，与员工组织公民行为类似，顾客公民行为也具有不同的指向和直接受益对象。Groth（2005）最先注意到，顾客除了会直接帮助组织外，也会通过帮助其他顾客而间接有益于组织，由此提出了顾客公民行为的一个新维度，即“帮助其他顾客”。但是，从表 2 - 7 中可以看到，国外的顾客公民行为研究者们始终没有像组织公民行为研究那样，按照指向和直接受益对象的不同对顾客公民行为做出明确的划分。依据组织公民行为前因研究的结果，我们认为，不同指向的顾客公民行为也应该具有不同的前因。因此，对顾客公民行为按照指向和直接受益对象的不同进行分类也是非常重要的，这可以为企业区分不同的顾客公民行为类别分别探查其不同的前因提供有益的指导。但是，迄今为止，在我们阅读的顾客公民行为文献中，只有国内学者范钧（2011）借鉴 Williams 和 Anderson（1991）的研究，将顾客公民行为按照指向和直接受益对象的不同分为指向组织的、指向组织员工的和指向其他顾客的公民行为。尽管范钧（2011）将三种不同指向的顾客公民行为直接作为顾客公民行为的 3 个维度，忽略了不同指向的顾客公民行为在具体行为表现上的差异，但是，这种从整合的角度划分顾客公民行为的方法为我们的研究提供了有益的启示。

在消费类虚拟社区中，顾客的公民行为也可以按照指向和直接受益对象的不同进行划分。只是与线下面对面服务情境不同的是，消费类虚拟社区中不存在严格意义上的社区员工。消费类虚拟社区是依靠顾客自组织的，尽管存在由社区成员担任的版主，但是在绝大多数情况下，他们与社区之间并不具有雇用关系，承担社区管理和维护的职责完全出于自愿，因此，从身份上来讲，他们并不是虚拟社区的员工，而仍是顾客。因此，在消费类虚拟社区中，顾客公民行为只有两种

指向和直接受益对象，即指向虚拟社区或者指向虚拟社区中的其他顾客。因此，借鉴 Williams 和 Anderson（1991）和范钧（2011）的分类，我们将虚拟社区顾客公民行为按照指向和直接受益对象的不同划分为两类：CCBO（CCB directed to the Organization）和 CCBI（CCB directed to Individuals）。其中，CCBO 是指虚拟社区成员主动做出的直接指向虚拟社区并直接对虚拟社区有益的行为；CCBI 是指虚拟社区成员主动做出的直接指向虚拟社区其他成员，直接对其他成员有益，并间接对虚拟社区有益的行为。

3.1.2 虚拟社区顾客公民行为的构成维度

国内学者范钧（2011）在将顾客公民行为按照指向和直接受益对象的不同分为指向组织、指向服务员工和指向其他顾客的公民行为时，认为这三种不同指向的顾客公民行为就是顾客公民行为概念的三个维度。我们认为，以顾客公民行为的指向直接作为顾客公民行为的维度，显得过于宽泛，每一种不同指向的顾客公民行为都应该进一步由多个维度构成。如在 Bettencourt（1997）开发的顾客公民行为量表中，顾客公民行为的三个维度就都是指向组织并直接对组织有益的，而在 Groth（2005）的顾客公民行为维度中，“推荐”和“反馈”两个维度是指向组织的，而“帮助”维度则是指向其他顾客的。因此，按照我们前面对虚拟社区顾客公民行为的分类，我们认为，在消费类虚拟社区环境下，两种不同指向的顾客公民行为 CCBO 和 CCBI 也应该有不同的行为表现，即 CCBO 和 CCBI 是由不同的维度构成的。

已有的研究显示，指向组织的顾客公民行为即 CCBO 是一个多维度的概念。但是至今，无论是在线下环境还是互联网环境下进行的顾客公民行为研究中，指向其他顾客的公民行为即 CCBI 都是单维度的。为进一步确定消费类虚拟社区环境中 CCBO 和 CCBI 的具体构成维度，我们采用焦点小组的方法，对 26 位具有消费类虚拟社区访问经历的消费者进行了定性访谈。焦点小组访谈被访者的选择主要依据方便样本的原则。被访者的具体情况如表 3－1 所示：

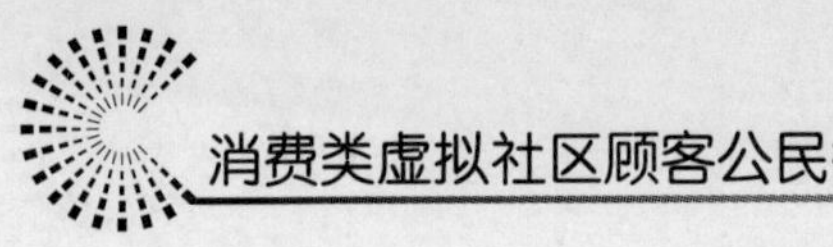

表 3-1　　　　焦点小组访谈被访者情况汇总

性别	职业	消费类虚拟社区	访问频次
男：12 人	公司职员 5 人	淘宝网社区：15 人	每天几次：3 人
女：14 人	学生：21 人 其中： 研究生：11 人 本科生：10 人	中关村在线：4 人	每天 1 次：6 人
		美丽说：3 人	每周 2～3 次：9 人
		其他：4 人	每月 2～3 次：8 人
合计：26 人	合计：26 人	合计：26 人	合计：26 人

焦点小组访谈分 5 个小组进行，每组 5～6 人，访谈持续的时间平均在 50 分钟到 1 个小时左右。在征得被访者同意的情况下，我们对访谈过程进行了录音。访谈的具体操作过程如下，首先，向被访者说明本研究的目的，并请被访者提供性别、职业和所访问消费类虚拟社区的基本信息，然后，在向被访者描述顾客公民行为的基本特征并举例说明的基础上，询问他们在消费类虚拟社区访问中，自己做出的或者看到他人做出的类似行为。由于在现实中，消费者访问的消费类虚拟社区通常不止一个，因此，在访谈中要求被访者针对其访问频次最高的一个消费类虚拟社区回答问题。此外，除了描述顾客公民行为的基本特征并举例说明外，我们并未提供更多的框架以防止限定被访者的思路，这有利于我们获得更多的关于虚拟社区顾客公民行为具体行为表现的信息。

在访谈结束后，我们根据访谈录音整理出访谈记录，然后，反复阅读找出与研究相关的关键语句，并对这些关键语句进行归类整理。对定性访谈记录的分析结果显示，在消费类虚拟社区环境中，顾客公民行为存在两种指向，即指向虚拟社区或者指向社区中的其他顾客，这与我们对 CCBO 和 CCBI 进行的分类是一致的。此外，与线下环境中的顾客公民行为不同，我们发现，在消费类虚拟社区环境中，CCBO 和 CCBI 都是多维度的。

在 CCBO 的维度方面，受访者所列举出的各种虚拟社区顾客公民行为与线下面对面服务情境中 CCBO 的表现具有较大的相似性。受访者提到频次最高的是“为社区改进提出建议的行为”和“传播社区的积极口碑并将社区推荐给他人的行为”。其中，“为社区改进提出建议的行为”与 Groth（2005）、Yi 和 Gong（2012）的“反馈”维度、Bettencourt（1997）的“参与”维度的内涵基本一致；“传播社区的积极口碑并将社区推荐给他人的行为”与 Bettencourt（1997）的“忠诚”、Groth（2005）的“推荐”、Yi 和 Gong（2012）的“拥护”维度相对应。此外，受访者还表示，在社区服务不够完善的情况下，愿意给予社区理解并

继续留在社区中，这与 Yi 和 Gong（2012）在组织公民行为的“运动员精神”维度基础上提出的“宽容”维度是一致的。此外，多位受访者还提到主动维护社区秩序的行为，这与 Bove 等（2009）的“监督其他顾客”维度一致。由于消费类虚拟社区中不存在一线员工，也不存在员工与顾客之间的服务接触，因此，我们舍弃了 Bettencourt（1997）的“合作行为”维度和 Bove 等（2009）的“仁慈行为”维度。通过对定性访谈结果的分析，并结合现有文献，我们确定了 CCBO 的 4 个维度，即拥护、反馈、宽容和监督。拥护是指顾客做出的积极宣传企业或向他人推荐企业的行为；反馈是指顾客在要求或未被要求的情况下主动向企业提供信息的行为；宽容指的是当服务没有达到顾客期望时，顾客保持耐心的意愿；监督是指顾客对其他顾客做出的有损社区利益的机会行为予以监督或制止的行为。

在 CCBI 的维度方面，本书在分析定性访谈结果的基础上，得出消费类虚拟社区情境下的 CCBI 是多维度的这一结论。起初，由于受访者访问的消费类虚拟社区讨论的消费主题千差万别，因此，受访者列举的 CCBI 的行为表现是具体而繁杂的。但是，通过对定性访谈结果进行深入的分析，我们发现，由于虚拟社区中顾客之间的互动是通过“帖子”来实现的，不管帖子的具体内容是什么，从动作表现上都可以归结为“发帖”、“回帖”、“转贴”或“顶帖”，并且，不同的动作发出的帖子其行为主动性及对其他顾客的帮助作用也不同。据此，我们确定了消费类虚拟社区情境下 CCBI 的 3 个维度：求助回应、分享和支持。求助回应是指当有人在社区中提问时，回帖对他人的提问给予回答的行为；分享是通过主动发帖或转贴将自己拥有的产品或服务相关信息、知识和消费经验与社区其他顾客共享的行为；支持是指当无法回答他人提出的问题时，通过顶帖以使问题能够得到其他顾客的回答，或者对其他顾客的“求助回应”和“分享”行为给予赞扬的行为。这样的维度划分和定义有效地避免了消费类虚拟社区讨论主题的影响。此外，尽管“求助回应”维度与现有顾客公民行为量表中的“帮助”维度类似，但是，“分享”和“支持”维度则是消费类虚拟社区情境特有的。

综上所述，本书认为，在消费类虚拟社区环境下，CCBO 和 CCBI 都是由多个维度构成的。并且，CCBO 由 4 个维度构成：拥护、反馈、宽容和监督；CCBI 由 3 个维度构成：求助回应、分享和支持。

3.2 虚拟社区顾客公民行为测量量表的开发

如前所述，现有的顾客公民行为测量量表几乎都是在线下面对面的环境下开发的。虚拟社区是互联网线上环境中的一个特定研究情境，尚未有研究就这一研究情境开发相应的顾客公民行为测量量表。因此，以消费类虚拟社区作为研究情境，在虚拟社区环境下开发一套可靠且有效的顾客公民行为测量量表成为本研究的主要研究问题之一。

3.2.1 开发量表的方法

Churchill（1979）的研究是营销学科领域在量表开发方面的经典文献之一，其量表开发程序和方法已成为成熟的范式，因而被国内外营销学者所普遍采用。Churchill（1979）的量表开发程序分为 8 个步骤：①确认量表的基本构成维度；②建立量表的测量题项；③收集数据；④净化量表的测量题项；⑤删除不合理题项后再次收集数据；⑥评估量表的信度；⑦评估量表的效度；⑧发展模型。其中，信度和效度是检验量表编制质量的两个重要指标。所谓信度，是指不同测量者使用同一测量量表的一致性水平，用以反映相同条件下重复测量结果的近似程度，通常利用 Cronbach's α 系数和组合信度两个指标来进行评价。所谓效度，是指实证测量在多大程度上反映概念的真实含义，用来测量指标与其所测量的构造变量的关系。一般而言，量表的效度测量主要考虑内容效度、收敛效度和区别效度三个指标。其中，内容效度是指测量题项的内容和数目要足以代表测量的概念；收敛效度是指同一概念下的测量题项彼此相关度要高；区别效度是指不同概念下的测量题项彼此相关度要低。

本研究的虚拟社区顾客公民行为测量量表开发，严格遵循了 Churchill（1979）的量表开发程序和方法。具体来说就是，首先，在前一节已界定虚拟社区顾客公民行为概念及构成维度的基础上，借鉴现有顾客公民行为文献中已有量表的测量题项，并结合消费者定性访谈的结果，生成量表的初始测量题项；其次，依据专家的意见，对包含全部初始测量题项的量表进行内容效度的检验，以初步对量表进行净化；依据方便取样的原则，随机选取一定数量的学生样本和适量的社会样本进行预调研，在对预调研数据进行内部一致性信度分析和探索性因子分析后形成正式调研的问卷；最后，通过对大规模正式调研数据进行信度和效度检验，最终生成具有良好信度和效度的虚拟社区顾客公民行为测量量表。

3.2.2 测量题项的生成

本书严格按照 Churchill（1979）的方法，以现有文献为基础并结合消费者定

性访谈的结果生成初始测量题项。由于现有文献对 CCBO 的研究相对比较成熟，因此，本研究中 CCBO 各个维度的测量题项主要来自现有文献中的量表题项，并在访谈的基础上，针对消费类虚拟社区特定情境进行了适当的删减和修改。现有文献对 CCBI 尚未给予足够的重视，尤其是在虚拟社区情境下的相关研究仍属空白，因此，本研究 CCBI 各个维度的测量题项主要来自于消费者定性访谈。

1. 现有文献中 CCBO 的测量题项

如前所述，现有的顾客公民行为研究文献中，最具有代表性的量表主要有两个，即 Bettencourt（1997）和 Groth（2005）的量表，其他的量表都是在这两个量表的基础上，结合特定研究情境进行适当的增减和修改形成的，如 Bove 等（2009）和 Yi 和 Gong（2012）的量表。尽管这些研究都未对顾客公民行为按照指向对象的不同进行划分，但是，从这些量表的维度构成和测量题项中可以看出，这些研究都将 CCBO 看作多维度的概念。我们将这些量表中涉及的 CCBO 的维度和相应的测量题项进行了总结，如表 3-2 所示。

如前所述，在消费类虚拟社区环境中不存在员工—顾客关系，因此，对于 Bettencourt（1997）量表中反映“顾客做出的指向企业一线员工的顾客公民行为”的维度——合作维度的测量题项，本研究予以完全舍弃。对于 Bettencourt（1997）的“忠诚”维度、Groth（2005）的“推荐”维度和 Yi 和 Gong（2012）的“拥护”维度的测量题项，我们结合定性访谈的结果，进行有选择地吸收，并根据消费类虚拟社区特定情境对题项的表述进行适当的修改，形成本研究中 CCBO 的“拥护”维度的初始测量题项。采用同样的方法，将 Bettencourt（1997）的“参与”、Groth（2005）和 Yi 和 Gong（2012）的“反馈”维度的测量题项结合访谈结果，形成本研究中 CCBO 的“反馈”维度的初始测量题项。本研究中 CCBO 的“宽容”维度的测量题项主要参考了 Yi 和 Gong（2012）的同一维度，而“监督”维度的测量题项则参考了 Bove 等（2009）的量表，此外，依据访谈结果，又进一步得到“宽容”和“监督”维度的其他几个测量题项。

表 3-2 现有文献中 CCBO 的测量

文献	维度/题项
Bettencourt (1997)	维度一：忠诚 ①我向其他人传递这家商店的积极口碑； ②我鼓励朋友和亲戚到这家商店购物； ③我所有的日常所需尽可能都在这家商店购买
	维度二：合作 ①我努力保持这家商店的卖场清洁； ②我给予这家商店的员工充分的合作； ③我认真遵守这家商店的规则和政策； ④我对这家商店的员工表现出额外的友善和尊重； ⑤当我从这家商店离开时，我将购物车放在商店规定的固定位置，而不是放在我的汽车旁边； ⑥我努力便利收款员的工作（如将商品自行装入购物袋）； ⑦如果我需要付支票，我会将基本信息填写完整再拿到付款台前
	维度三：参与 ①我让这家商店知道更好地服务于我的方式； ②我向这家商店提出如何改进服务的建设性建议； ③如果我有如何提高服务的有用的想法，我会告诉商店中的某个人； ④当我在商店中遇到问题时，我会告知商店里的人以使商店能够改进服务； ⑤如果我发现了问题，即使没有影响我，我也会将问题反映给商店中的员工； ⑥如果商店里的员工为我提供了很好的服务，我会反映给商店； ⑦如果价格是不正确的，我也会告知商店的员工
Groth (2005)	维度一：推荐 ①将企业推荐给家人； ②将企业推荐给同事； ③将企业推荐给对该企业的产品、服务感兴趣的人
	维度二：反馈 ①填写顾客满意调查表； ②为顾客服务提供有益的反馈； ③当接受企业调查时提供信息； ④告知企业从某员工处得到很好的服务

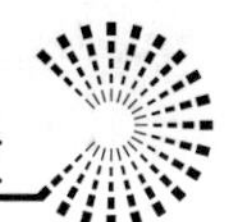

续 表

文献	维度/题项
Yi 和 Gong（2012）	维度一：反馈 ①如果我有改进服务的有用的想法，我会告诉企业的员工； ②当我从员工那里获得好的服务，我会对此进行评论； ③当我遇到问题，我会告知员工
	维度二：拥护 ①我向其他人传递企业和员工的积极口碑； ②我将企业和员工推荐给其他人； ③我鼓励朋友和亲戚使用这家企业
	维度三：宽容 ①如果服务不如预想的好，我愿意容忍； ②如果员工在服务中出错，我愿意保持耐心； ③如果我需要等待比平时更长的时间，我愿意适应

2. 现有文献中 CCBI 的测量题项

现有文献中涉及 CCBI 的量表主要是 Groth（2005）与 Yi 和 Gong（2012）的两项研究。我们将这两项研究的量表中涉及的 CCBI 的维度和相应的测量题项总结在表 3－3 中。

现有文献对 CCBI 的关注较少，相关的概念维度只有一个——“帮助”，因而，体现在量表中也就只有“帮助”维度的测量题项。Yi 和 Gong（2012）的量表是在线下服务情境下开发的，因而带有明显的面对面情境特征；Groth（2005）的量表虽然是在线上购物商城情境下开发的，但是明显忽略了线上和线下环境之间的差异，对于顾客公民行为在线上环境中可能存在的不同表现未能得到反映。因而，本研究中 CCBI 的 3 个维度的测量题项主要来自定性访谈。

表 3－3　现有文献中 CCBI 的测量

文献	维度/题项
Groth（2005）	维度：帮助 ①帮助其他顾客找到产品； ②帮助其他顾客购物； ③教某人正确使用服务； ④向其他顾客解释如何正确使用服务

续 表

文献	维度/题项
Yi 和 Gong（2012）	维度：帮助 ①如果其他顾客需要，我会给予帮助； ②如果其他顾客看上去遇到了问题，我会给予帮助； ③我教其他顾客正确使用服务； ④我给予其他顾客建议

3. 初始测量题项生成

通过上述文献研究和定性访谈，本研究共得到 47 个初始测量题项，其中，CCBO 25 个，CCBI 22 个，如表 3-4 所示。

表 3-4　　量表初始测量题项

维度	代码	测量题项	题项来源
拥护（A）	A1	我会向该社区其他成员传递有关该社区的正面口碑	Bettencourt（1997）
	A2	我会通过其他网络互动空间（如 QQ）传递有关该社区的正面口碑	访谈
	A3	我会在网上向其他人推荐该社区	访谈
	A4	我会在网上向对该社区讨论主题感兴趣的人推荐该社区	Groth（2005）/访谈
	A5	我会通过其他网络互动空间（如 QQ）向其他人推荐该社区	访谈
	A6	我会积极地参与该社区组织的活动	Bove 等（2009）

续 表

维度	代码	测量题项	题项来源
反馈（F）	F1	我会在社区中发表有关改进该社区服务的建议	访谈
	F2	我会向社区管理员/版主提出我对改进该社区服务的建议	Bettencourt（1997）
	F3	我会让社区了解更好地服务于我的方法	Bettencourt（1997）
	F4	我会向社区提供如何改进服务的方法	Bettencourt（1997）
	F5	当我在社区中遇到问题时，我会告知社区	Bettencourt（1997）
	F6	当我在社区中发现问题时，即使它没有影响我，我也会告知社区	Bettencourt（1997）
	F7	如果我有抱怨，我会告知社区以便于其进行改进	Bove 等（2009）
	F8	如果我感觉社区为我提供了好的服务，我会告知社区我的感受	Bettencourt（1997）
	F9	我会填写社区发出的社区成员满意度调查问卷	Groth（2005）
	F10	当社区进行各种调查活动时，我愿意积极提供相关意见和建议	Groth（2005）
宽容（T）	T1	如果该社区的服务偶尔没有达到我的预期，我会容忍	Yi 和 Gong（2012）
	T2	如果该社区的服务偶尔出现问题，我会表示出耐心	Yi 和 Gong（2012）
	T3	如果该社区的产品或服务不够完善，我能够理解	访谈
	T4	如果我在该社区中有不满意的体验，我仍愿意继续留在该社区	访谈
	T5	如果我在该社区中有不满意的体验，我仍愿意继续支持该社区	访谈

续 表

维度	代码	测量题项	题项来源
监督（P）	P1	如果有人破坏社区的规则，我会表示不满	访谈
	P2	如果有人破坏社区的规则，我会予以批评	访谈
	P3	如果其他成员出现影响社区秩序的行为，我会及时告知社区	Bove 等（2009）
	P4	如果其他成员出现影响社区秩序的行为，我会予以阻止	Bove 等（2009）
求助回应（R）	R1	当有人在社区中提问时，我会积极地给予回答	访谈
	R2	当别人对他人的提问回答不够准确时，我会积极地对答案进行修正	访谈
	R3	当别人对他人的提问回答不够充分时，我会积极地对答案进行补充	访谈
	R4	我会在回答他人提出的问题的基础上，提供更多我知道的其他相关信息	访谈
	R5	当社区新成员不会使用社区功能时，我会给予解答	访谈
	R6	当有人在购物中不知如何选择时，我会给予相关产品的个人评价以供其参考	访谈
	R7	当有人在购物中不知如何选择时，我会给予产品推荐建议	访谈
	R8	当我不能回答别人提出的问题时，我会提供有助于问题解决的相关信息	访谈

续 表

维度	代码	测量题项	题项来源
分享（SH）	SH1	购物后我会在社区中分享我的购物经验	访谈
	SH2	使用产品后，我会在社区中分享我的产品使用感受	访谈
	SH3	接受某项服务后，我会在社区中分享我的服务体验	访谈
	SH4	当我获得新产品或服务信息时，我会将这一信息在社区中与其他人分享	访谈
	SH5	我会与社区其他成员分享社区讨论主题相关的产品或服务促销信息	访谈
	SH6	我会转发与社区讨论主题相关的好帖子到社区与大家分享	访谈
	SH7	当我掌握产品或服务基本功能的使用方法时，我会发帖与社区其他成员分享	访谈
	SH8	当我掌握产品或服务的使用技巧时，我会发帖与社区其他成员分享	访谈
	SH9	当我掌握如何处理产品或服务的某方面缺陷时，我会发帖与社区其他成员分享	访谈
支持（S）	S1	当我发现对社区成员有用的帖子时，我会顶帖以使更多的其他成员都能看到	访谈
	S2	当我不能回答别人提出的问题时，我会顶帖以使有能力回答问题的人能够看到	访谈
	S3	当我不能回答别人提出的问题时，我会对其面临的问题表达我的支持	访谈
	S4	当有成员帮助提问者解决问题时，我会给予赞扬和鼓励	访谈
	S5	我会对社区成员花费时间和精力为大家编辑好帖子的行为给予赞扬和鼓励	访谈

3.2.3 预调研与测量题项净化

1. 问卷设计

如前所述，在文献回顾的基础上，并结合访谈的结果，共提取出 47 个测量题项。其中，CCBO 有 25 个题项，包括拥护 6 题、反馈 10 题、宽容 5 题、监督 4 题；CCBI 有 22 个题项，包括求助回应 8 题、分享 9 题、支持 5 题。

为了保证问卷的表面效度和内容效度，本研究按照 Churchill（1979）的方法，对初始测量题项进行定性分析。首先，将国外学者对这些变量的测量题项翻译成中文，并由商贸英语专业的人员将这些测量题项再回译成英文题项，然后与原始英文题项进行对照检验，直到两者一致为止。随后，请有消费类虚拟社区访问经历的 3 位市场营销专业研究生分别对 47 个测量题项进行修改，确保题项没有表达不清楚或难以选择答案的情况。然后，让这 3 位研究生根据市场营销理论知识及实践经验将 47 个题项归纳到相应的测量变量下，确保这些题项符合理论维度的划分。最后，请市场营销专业的 3 位老师分别就问卷各变量的定义及其题项进行讨论，并将收集的意见进行整合，然后再反馈给各位老师进行进一步的讨论。经过 3 次的反复，最终形成初始问卷。

本研究问卷采用 7 级 Likert 量表，1 代表“从不”，7 代表“经常”，另外，问卷中还加入了消费者基本人口统计变量和消费类虚拟社区访问情况的相关问题，形成了本研究的预调研问卷。

2. 数据收集

由于预调研的主要目的是测试和修正问卷，因此样本的选择采取就近原则。主要从北京部分高校学生及一些企业职员中采集。预调研发放问卷 235 份，在回收的问卷中剔除漏答、错答、不认真做答的无效问卷，最后回收有效问卷 175 份，有效回收率为 74.5%，样本的具体情况如表 3 - 5 所示。根据艾瑞咨询最新调研报告数据显示，中国虚拟社区用户主要集中于 18～30 岁，占用户总数 70% 以上，其中 25～30 岁用户占比达 39.5%。上述调研数据表明，本研究预调研样本基本符合中国虚拟社区用户实际情况，样本具有代表性。此外，根据 Parasuraman、Zeithaml 和 Berry（1988）的建议，在净化量表时样本量不低于 100 个，本样本满足这一要求，可以进行下一步的分析。

表 3-5　　预调研样本概况

描述指标		比例（%）	描述指标		比例（%）
性别	男	51.3	访问社区经历	很少	70.6
	女	48.7		经常	29.4
年龄	25 岁以下	44.9	访问社区频率	1 月不到 1 次	14.2
	25～35 岁	39.6		1 月 2～3 次	26.8
	35 岁以上	15.5		1 周不到 1 次	13.1
学历	本科以下	15.3		1 周 2～3 次	33.3
	本科	47.9		1 天 1 次	9.9
	研究生	36.8		1 天几次	2.7
职业	学生	73.2	停留社区时间	10 分钟	25.4
	工作	26.8		30 分钟	34.7
月收入	2000 元以下	80.1		1 小时	30.2
	2000～4999 元	16.6		2 小时	7.6
	5000 元以上	3.3		更长时间	2.1

3. 测量题项净化

本研究依据 Churchill（1979）的方法净化测量题项，具体操作步骤如下：

第一步，我们使用 SPSS 软件计算各测量题项的题总相关系数（Corrected Item-total Correlation，CITC）及各变量的 Cronbach's α 系数，计算结果如表 3-6 所示。净化题项的标准是：凡 CITC 系数小于 0.50，均被视为垃圾题项予以删除。同时，在净化题项的前后都要计算 Cronbach's α 系数，用以准确评价删除垃圾题项后量表的一致性信度是否显著提高。

表 3-6　测量题项的 CITC 和信度分析

维度	题项代码	项目—总体相关系数	删除题项后的 α 系数	α 系数
拥护	A1	0.74	0.94	0.94
	A2	0.86	0.92	
	A3	0.87	0.92	
	A4	0.87	0.92	
	A5	0.88	0.92	
	A6	0.70	0.94	
反馈	F1	0.85	0.96	0.96
	F2	0.87	0.96	
	F3	0.86	0.96	
	F4	0.86	0.96	
	F5	0.82	0.96	
	F6	0.86	0.96	
	F7	0.86	0.96	
	F8	0.88	0.96	
	F9	0.78	0.96	
	F10	0.80	0.96	
宽容	T1	0.66	0.85	0.87
	T2	0.73	0.83	
	T3	0.67	0.85	
	T4	0.76	0.83	
	T5	0.68	0.85	
监督	P1	0.64	0.89	0.88
	P2	0.78	0.84	
	P3	0.82	0.82	
	P4	0.77	0.84	

续 表

维度	题项代码	项目—总体相关系数	删除题项后的α系数	α系数
求助回应	R1	0.73	0.81	0.84
	R2	0.78	0.81	
	R3	0.38	0.94	
	R4	0.81	0.80	
	R5	0.82	0.80	
	R6	0.66	0.81	
	R7	0.77	0.80	
	R8	0.75	0.80	
分享	SH1	0.77	0.96	0.96
	SH2	0.82	0.95	
	SH3	0.87	0.95	
	SH4	0.87	0.95	
	SH5	0.87	0.95	
	SH6	0.85	0.95	
	SH7	0.83	0.95	
	SH8	0.84	0.95	
	SH9	0.80	0.95	
支持	S1	0.77	0.90	0.92
	S2	0.80	0.90	
	S3	0.84	0.89	
	S4	0.73	0.91	
	S5	0.81	0.89	

从表3-6结果可知，问卷中各测量变量的α系数都高于0.80，说明各测量变量具有较强的可靠性。在各变量的测量题项中，除求助回应第三题（R3）的CITC系数为0.38，低于0.50的标准外，其他测量题项的CITC系数均显著高于0.50。在删除R3题项后，求助回应的α系数由原来的0.84提高到0.94。因此，对于上述R3题项予以删除。

第二步，我们对第一步删除题项后剩余的46个测量题项采用探索性因子分析法（Exploratory Factor Analysis，EFA），检验问卷的结构效度。即运用主成分分析，进行方差最大化正交旋转，根据因子载荷和累积方差解释率来评价题项以确定是否保留。具体结果如表 3-7 所示。

表 3-7 预调研探索性因子分析

维度	题项	因子						
		1	2	3	4	5	6	7
拥护	A1				0.40			0.48
	A2							0.64
	A3							0.68
	A4							0.66
	A5							0.63
	A6	0.41						0.46
反馈	F1	0.63						
	F2	0.65						
	F3	0.74						
	F4	0.72						
	F5	0.81						
	F6	0.70						
	F7	0.73						
	F8	0.74						
	F9	0.80						
	F10	0.68						
宽容	T1					0.77		
	T2					0.85		
	T3					0.82		
	T4					0.78		
	T5					0.67		
监督	P1						0.67	
	P2						0.83	
	P3						0.79	
	P4						0.72	

续　表

维度	题项	因子						
		1	2	3	4	5	6	7
求助回应	R1			0.66				
	R2			0.73				
	R4			0.77				
	R5			0.76				
	R6			0.66				
	R7			0.73				
	R8			0.70				
分享	SH1		0.73					
	SH2		0.72					
	SH3		0.74					
	SH4		0.73					
	SH5		0.72					
	SH6		0.67					
	SH7		0.73					
	SH8		0.73					
	SH9		0.72					
支持	S1				0.78			
	S2				0.66			
	S3				0.72			
	S4				0.60			
	S5				0.76			

从表3－7结果可知，顾客公民行为问卷的KMO值为0.94，远大于0.50的标准，说明样本的数据适合做探索性因子分析。旋转后共提取出7个特征值大于1的因子，累计解释方差变动为78.21%。除拥护维度A1题项的载荷系数为0.48及A6题项的载荷系数为0.46，均小于0.50的最低标准，且A1题项在拥护和支持两个维度及A6题项在拥护和反馈两个维度出现跨因子载荷现象外，其他测量题项的载荷系数均在0.63～0.82，且均没有出现跨因子载荷现象，因此，

对拥护维度中的A1和A6题项予以删除。保留其他44个测量题项。

3.2.4 正式调研与量表检验

1. 正式调研问卷设计

本研究经过预调研删除个别题项，并加入问卷指导语、消费者虚拟社区访问经历及人口统计等问题，形成了最终的正式调研问卷，具体见附录A。问卷开头为指导语，简单描述被调查者填写问卷的具体要求；接下来是消费者访问消费类虚拟社区情况调查，包括访问的具体社区、访问的时间、频次等；随后是顾客公民行为各维度的测量题项，包括拥护（A）4个题项、反馈（F）10个题项、宽容（T）5个题项、监督（P）4个题项、求助回应（R）7个题项、分享（SH）9个题项、支持（S）5个题项，所有题项均采用7级Likert量表；最后是性别、年龄、学历、职业和月收入5个人口统计变量题项。

2. 数据收集与样本概况

数据收集通过OQSS在线调研系统进行。OQSS是一个专业的问卷调查系统，中国工商银行、中国移动通信、中国科学院等知名企事业单位均采用此网络调研系统进行数据收集。具体操作是，将问卷编辑成网页形式并录入OQSS在线问卷调查系统，随后将生成的问卷以链接的形式通过QQ、MSN等即时通信系统进行一对一发放。本研究具体调研时间为2012年12月10日至2012年12月30日，为期20天，共回收问卷552份，剔除没有消费类虚拟社区访问经历的样本，以及由于漏答、不认真做答等原因产生的无效问卷，最终回收有效问卷404份，有效回收率为73.2%。有效样本的具体情况如表3-8所示。根据艾瑞咨询最新调研报告数据，表3-8所显示的正式调研样本的各人口统计变量分布，基本符合目前我国虚拟社区用户实际情况，表明该样本具有代表性。

表3-8　样本基本情况

描述指标		比例（%）	描述指标		比例（%）
性别	男	61.9	访问社区经历	很少	65.6
	女	38.1		经常	34.4

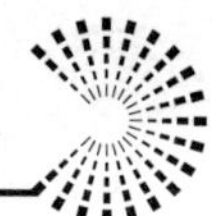

续　表

描述指标		比例（%）	描述指标		比例（%）
年龄	25 岁以下	54.2	访问社区频率	1 月不到 1 次	22.5
	25～35 岁	33.9		1 月 2～3 次	33.7
	35 岁以上	11.9		1 周不到 1 次	13.6
学历	本科以下	27.3		1 周 2～3 次	14.6
	本科	62.4		1 天 1 次	10.2
	研究生	10.3		1 天几次	5.4
职业	学生	40.6	停留社区时间	10 分钟	23.8
	工作	59.4		30 分钟	40.1
月收入	2000 元以下	43.1		1 小时	25.2
	2000～4999 元	38.6		2 小时	7.9
	5000 元以上	18.3		更长时间	3.0

3. 内部一致性信度分析

内部一致性信度用来评价概念的某一特定维度的各个测量题项之间的同质性，通常利用 Cronbach's α 系数和组合信度两个指标来进行评价。本研究利用 SPSS 统计软件分析得到的量表内部一致性信度分析结果如表 3－9 所示。

表 3－9　　内部一致性信度分析

维度	题项代码	均值	标准差	项目—总体相关系数	删除题项后的 α 系数	α 系数	组合信度
拥护	A2	3.49	1.61	0.84	0.92	0.94	0.75
	A3	3.62	1.62	0.88	0.92		
	A4	3.69	1.62	0.87	0.92		
	A5	3.56	1.66	0.86	0.92		

续　表

维度	题项代码	均值	标准差	项目—总体相关系数	删除题项后的α系数	α系数	组合信度
反馈	F1	3.08	1.52	0.85	0.95	0.96	0.92
	F2	3.07	1.56	0.86	0.95		
	F3	3.24	1.61	0.85	0.95		
	F4	3.13	1.61	0.85	0.95		
	F5	3.42	1.67	0.81	0.96		
	F6	3.15	1.62	0.83	0.95		
	F7	3.34	1.69	0.85	0.95		
	F8	3.46	1.73	0.85	0.95		
	F9	3.50	1.69	0.78	0.96		
	F10	3.56	1.70	0.79	0.96		
宽容	T1	4.32	1.49	0.69	0.86	0.88	0.89
	T2	4.55	1.34	0.74	0.84		
	T3	4.55	1.33	0.70	0.85		
	T4	4.18	1.40	0.741	0.84		
	T5	4.06	1.41	0.68	0.86		
监督	P1	4.23	1.55	0.59	0.90	0.88	0.83
	P2	3.73	1.50	0.79	0.82		
	P3	3.70	1.55	0.79	0.83		
	P4	3.60	1.55	0.80	0.82		
求助回应	R1	3.29	1.56	0.75	0.87	0.89	0.88
	R2	3.15	1.51	0.79	0.87		
	R4	3.41	1.66	0.83	0.86		
	R5	3.38	1.62	0.81	0.86		
	R6	3.89	1.73	0.68	0.87		
	R7	3.60	1.76	0.77	0.87		
	R8	3.50	1.71	0.77	0.87		

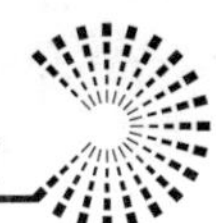

续 表

维度	题项代码	均值	标准差	项目—总体相关系数	删除题项后的 α 系数	α 系数	组合信度
分享	SH1	3.38	1.77	0.77	0.96	0.96	0.90
	SH2	3.50	1.78	0.82	0.95		
	SH3	3.41	1.74	0.86	0.95		
	SH4	3.35	1.68	0.87	0.95		
	SH5	3.37	1.69	0.85	0.95		
	SH6	3.33	1.70	0.84	0.95		
	SH7	3.08	1.62	0.85	0.95		
	SH8	3.05	1.61	0.84	0.95		
	SH9	3.24	1.67	0.82	0.95		
支持	S1	3.74	1.73	0.78	0.90	0.92	0.81
	S2	3.25	1.67	0.76	0.91		
	S3	3.30	1.63	0.83	0.90		
	S4	3.61	1.73	0.79	0.90		
	S5	3.77	1.77	0.82	0.90		

根据表 3 - 9 显示的结果，虚拟社区顾客公民行为各维度测量题项的均值在 3.00～5.00，标准差在 1.50～3.50，标准差超过 0.50 的最低要求。各测量题项的项目一总体相关系数（CITC）在 0.59～0.88，均高于 0.50 的最低标准。量表各维度的 α 系数在 0.88～0.96，均超过 0.70 的最低可接受水平。此外，组合信度分析的结果显示，量表各维度的组合信度在 0.81～0.92，超过 Ruekert 等（1984）建议的 0.70 的最低标准。上述数据表明，本研究中虚拟社区顾客公民行为量表具有良好的内部一致性信度。

4. 探索性因子分析

本研究采用常用的因子分析方法对虚拟社区顾客公民行为量表的效度进行初步检验，如果每一个变量的测量题项都只生成一个因子，就可以认定该变量具有单维性。同样，对所有变量进行探索性因子分析，如果各变量的测量题项都负荷到相应的变量上，并且没有交叉负荷现象，就认定各变量间具有较好的区别效度，结果见表 3 - 10。

表 3-10　　量表单维性和探索性因子分析

维度	题项	单维性检验		因子						
		解释率（%）	KMO	1	2	3	4	5	6	7
拥护	A2	76.84	0.92							0.63
	A3									0.66
	A4									0.65
	A5									0.66
反馈	F1	75.48	0.94	0.71						
	F2			0.74						
	F3			0.75						
	F4			0.75						
	F5			0.72						
	F6			0.74						
	F7			0.74						
	F8			0.72						
	F9			0.72						
	F10			0.69						
宽容	T1	67.94	0.77					0.82		
	T2							0.85		
	T3							0.82		
	T4							0.78		
	T5							0.72		
监督	P1	74.42	0.78						0.65	
	P2								0.81	
	P3								0.75	
	P4								0.74	

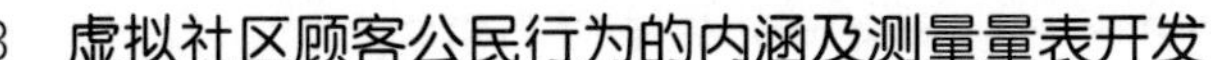

续 表

维度	题项	单维性检验		因子						
		解释率（%）	KMO	1	2	3	4	5	6	7
求助回应	R1	73.50	0.91			0.70				
	R2					0.74				
	R4					0.78				
	R5					0.75				
	R6					0.63				
	R7					0.69				
	R8					0.72				
分享	SH1	76.89	0.94		0.74					
	SH2				0.75					
	SH3				0.76					
	SH4				0.74					
	SH5				0.73					
	SH6				0.68					
	SH7				0.69					
	SH8				0.69					
	SH9				0.66					
支持	S1	76.56	0.86				0.75			
	S2						0.62			
	S3						0.67			
	S4						0.64			
	S5						0.72			

如表 3－10 所示，顾客公民行为各维度的 KMO 值在 0.77～0.94，远超过 0.50 的最低标准，且量表的每个测量题项都聚合到原来划定的相应维度上，其因子解释率在 67.94%～76.89%，均超过 60%的最低标准，表明量表各维度具有较好的单维性。在将顾客公民行为的各维度一同纳入到探索性因子分析后，得到 KMO 值为 0.93，远大于 0.50 的最低标准。正交旋转共提取 7 个特征值大于 1 的因子，与本研究理论上假设的顾客公民行为维度一致，累计解释率为

78.89%。探索性因子分析结果表明，本研究中的顾客公民行为量表具有较好的区别效度，本研究对顾客公民行为CCBO中的4个维度和CCBI中的3个维度的划分是合理的，可以采用验证性因子分析来进一步检验该量表的收敛效度和区别效度。

5. 收敛效度和区别效度分析

本研究采用极大似然估计，对虚拟社区顾客公民行为量表进行验证性因子分析，进一步检验该量表的收敛效度和区别效度。为了提高验证性因子分析参数估计的稳定性，本研究采用Jöreskog和Sörbom（1993）的方法把顾客公民行为各维度的题项进行合并，如表3－11所示。

表3－11 各维度合并题项结果

合并项代码	原题项代码	均值	标准差	子指标代码	原题项	均值	标准差
SA1	A2	3.59	1.52	SA2	A3，A4，A5	3.59	1.57
SF1	F1，F2，F3，F4，F5，F6，F7	3.31	1.43	SF2	F8，F9，F10	3.27	1.45
ST1	T1，T2，T3	4.31	1.17	ST2	T4，T5	4.36	1.20
SP1	P1	3.97	1.36	SP2	P2，P3，P4	3.67	3.67
SR1	R1，R2，R4	3.53	1.44	SR2	R5，R6，R7，R8	3.38	1.45
SSH1	SH1，SH2，SH3，SH4	3.30	1.49	SSH2	SH5，SH6，SH7，SH8，SH9	3.31	1.52
SS1	S1，S2，S3	3.60	1.54	SS2	S4，S5	3.43	1.54

验证性因子分析结果表明，该量表测量模型的卡方值（χ^2）为114.34，自由度（df）为56，卡方与自由度的比值（χ^2/ df）为2.04，在2～5；RMSEA值为0.07，小于0.08；RMR值为0.03，小于0.06。模型的五项拟合参数GFI、AGFI、NFI、CFI、IFI分别为0.96、0.93、0.99、0.99、0.99，均大于Bentler（1992）提出的0.90的标准。以上结果证明，本研究提出的顾客公民行为模型与数据有较好的拟合度，可以进行下一步的检验。

对于测量量表的收敛效度检验，本研究借鉴Barclay等人（1995）的研究方法采用标准化因子负荷和平均方差提取量（AVE）两个指标。第一步考察每一个潜变量的标准化因子载荷系数，载荷值应大于0.5，这意味着题项与其潜变量

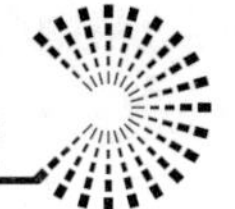

之间的共同方差大于题项与误差方差之间的共同方差，都是显著的；第二步考察AVE值，AVE值应大于0.5，这意味着每一个因子所提取的可解释50%以上的方差。如表3-12所示，合并后顾客公民行为各维度的测量变量的标准化因子负荷指数在0.88～0.98，均高于0.70，且显著性都达到了极其显著的水平。同时，各潜变量的AVE在0.55～0.83，均超出0.50的临界值。以上结果表明，本研究的顾客公民行为量表具有较好的收敛效度。

表3-12　收敛效度分析结果

潜变量	测量变量	标准化因子负荷	T值	SMC	标准化误差项	AVE
拥护(A)	SA1	0.95	25.35***	0.91	0.21	0.75
	SA2	0.95	25.21***	0.90	0.24	
反馈(F)	SF1	0.97	26.42***	0.94	0.13	0.62
	SF2	0.98	27.09**	0.96	0.08	
宽容(T)	ST1	0.92	19.09***	0.85	0.21	0.55
	ST2	0.97	20.15***	0.94	0.09	
监督(P)	SP1	0.88	21.00***	0.78	0.40	0.75
	SP2	0.91	21.79***	0.82	0.36	
求助回应(R)	SR1	0.97	26.19***	0.94	0.12	0.82
	SR2	0.96	25.84***	0.93	0.16	
分享(SH)	SSH1	0.97	26.53***	0.94	0.13	0.69
	SSH2	0.98	26.89***	0.96	0.10	
支持(S)	SS1	0.91	23.27***	0.84	0.39	0.83
	SS2	0.95	24.69***	0.90	0.24	

注：***表示显著水平为0.001。

随后，本研究采用Fomell和Larcker（1981）推荐的方法检验顾客公民行为量表的区别效度。具体做法是考察某一特定变量与其他变量之间的差异程度。如表3-13所示，顾客公民行为各维度AVE值的平方根在0.74～0.91。而各维度间相关系数的绝对值在0.21～0.78，均大于与其他维度之间相关系数的绝对值。以上结果表明，本研究的顾客公民行为量表具有较好的区别效度。

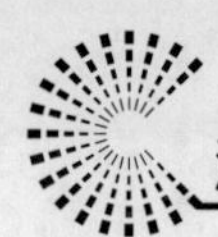

表 3-13　　区别效度分析结果

潜变量	A	F	T	P	R	SH	S
A	0.87						
F	0.78	0.79					
T	0.28	0.24	0.74				
P	0.57	0.68	0.35	0.87			
R	0.65	0.68	0.25	0.53	0.91		
SH	0.69	0.75	0.21	0.51	0.76	0.83	
S	0.73	0.71	0.26	0.58	0.69	0.72	0.91

6. 二阶验证性因子分析

根据国内外以往研究惯例，如果各维度之间相关性较高，则应进一步提取更高阶的共同因子。本研究采用 Chin 和 Todd（1995）使用的二阶因子分析模型，通过第二阶因子连到第一阶潜在变量的路径系数的大小来检验量表的收敛效度。本研究把顾客公民行为的 CCBO 作为二阶因子，把拥护、反馈、宽容和监督作为其一阶因子，同时把 CCBI 作为二阶因子，把求助回应、分享和支持作为其一阶因子。如表 3-14 所示，顾客公民行为的二阶因子模型各项拟合度指标均达到标准，二阶因子与其对应的一阶因子的标准化路径系数在 0.71～0.92，均大于 0.70 的最低标准，表明二阶因子模型的内在品质拟合度良好，即顾客公民行为量表具有较好的收敛效度。以上结果表明，拥护、反馈、宽容和监督是顾客公民行为 CCBO 二阶因子的子因子，而求助回应、分享和支持是顾客公民行为 CCBI 二阶因子的子因子，即本研究理论假设的 7 个维度能很好地收敛于 CCBO 和 CCBI 这两个更高层面的概念。

通过上述量表开发过程，我们得到包括 44 个题项的虚拟社区顾客公民行为测量量表。这一量表通过了内部一致性信度、收敛效度、区别效度及二阶验证性因子分析的检验，在各方面都达到了相应的标准。因此我们可以得出，此量表能够正确而有效地测量虚拟社区顾客公民行为这一概念，可以用作后续研究的基础。

表 3－14　　　　二阶验证性因子分析结果

二阶因子	一阶因子	路径系数	T 值	信度	观测变量	标准化因子负荷	信度
CCBO	拥护	0.86	19.44***	0.73	SA1	0.96	0.91
					SA2	0.95	0.90
	反馈	0.92	21.96***	0.84	SF1	0.97	0.94
					SF2	0.98	0.96
	宽容	0.73	5.40***	0.52	ST1	0.91	0.82
					ST2	0.98	0.96
	监督	0.71	13.43***	0.50	SP1	0.88	0.78
					SP2	0.91	0.83
CCBI	求助回应	0.83	19.04***	0.69	SR1	0.97	0.94
					SR2	0.96	0.92
	分享	0.88	20.66***	0.77	SSH1	0.97	0.94
					SSH2	0.98	0.96
	支持	0.84	17.56***	0.71	SS1	0.91	0.83
					SS2	0.95	0.91

χ^2	df	χ^2/df	RMSEA	RMR	GFI	AGFI	NFI	CFI
168.54	69	2.44	0.06	0.04	0.94	0.91	0.99	0.99

注：***表示显著水平为 0.001。

3.3 本章小结

本章我们以文献回顾中提取的顾客公民行为基本特征为基础，结合虚拟社区特定情境界定了虚拟社区顾客公民行为的概念，并借鉴组织公民行为理论的相关研究，将虚拟社区顾客公民行为分为两类，CCBO 和 CCBI，分别代表指向虚拟社区并直接对社区有益的顾客公民行为，和指向社区其他顾客并直接有益于其他顾客而间接有益于社区的顾客公民行为。

在概念界定的基础上，我们借鉴现有文献中顾客公民行为的维度划分，并结合对网络消费者定性访谈结果的分析，确定在虚拟社区情境下，CCBO 和 CCBI

都是多维度的，并且 CCBO 由 4 个维度构成：拥护、反馈、宽容和监督；CCBI 由 3 个维度构成：求助回应、分享和支持。即我们确定本研究中的虚拟社区顾客公民行为是一个由 3 个层次 7 个维度构成的多层次、多维度概念。

经过初始题项生成、测量题项净化和正式问卷调查与量表检验之后，确认本研究开发的虚拟社区顾客公民行为量表通过检验，具有良好的信度和效度，能够准确而有效地测量虚拟社区顾客公民行为这一概念，可以为后续的研究提供研究的基础。

4 模型构建与假设检验

在本章，我们在第 3 章概念界定和量表开发的基础上，结合第 2 章文献回顾以及消费者定性访谈中获得的启示，构建了包含前因、结果和调节变量的虚拟社区顾客公民行为研究模型，并运用具有消费类虚拟社区访问经历的网络消费者样本，通过相关分析、回归分析和结构方程模型对本研究模型提出的假设进行了实证检验。

4.1 假设推导与模型构建

在文献回顾和消费者定性访谈的基础上，本书构建了如图 4－1 的研究模型。模型包含了本书的研究内容 2、研究内容 3 和研究内容 4，并可分解为：前因变量部分，包括社区满意、社区信任、感知社区支持 3 个关系质量变量和互惠动机、声誉动机、兴趣动机、利他动机 4 个行为动机变量；中间变量包括 CCBO 和 CCBI 两个核心变量；一个结果变量即社区黏性倾向，以及一个调节变量即自我效能感。

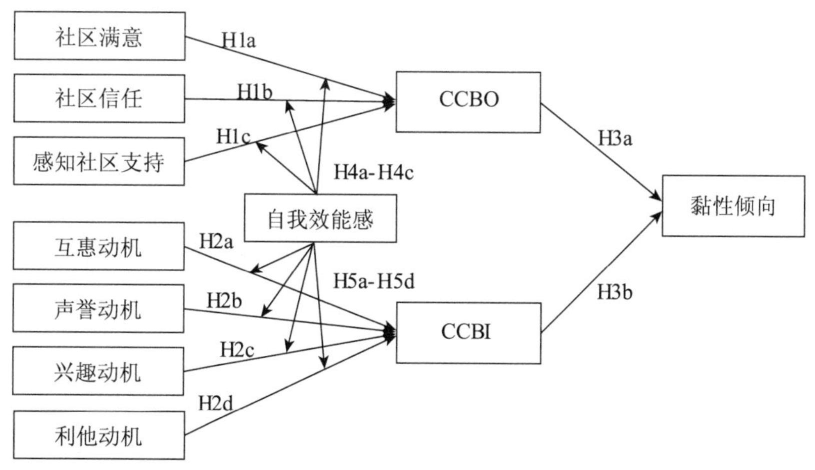

图 4－1 本书理论模型

4.1.1 虚拟社区顾客公民行为前因研究

在第 2 章的文献回顾中，我们依据社会交换理论提出，在消费类虚拟社区中，社区与顾客之间以及社区顾客彼此之间分别构成一种社会交换关系，而顾客公民行为则是顾客为了与社区和社区中的其他顾客进行社会交换而表现出的一种交换行为。对应我们在第 3 章对顾客公民行为按照不同指向进行的分类，CCBO 反映的是顾客与虚拟社区之间的社会交换，而 CCBI 则反映的是社区顾客与顾客之间的社会交换。以社会交换理论为基础，组织公民行为研究显示，虽然社会交换存在于员工与组织整体以及员工与组织中的其他个体（包括上司和员工）之间，但是，促使员工在不同的交换关系中做出组织公民行为的前因是不同的。依据组织公民行为的这一研究结论，我们认为，在消费类虚拟社区中，CCBO 和 CCBI 的前因可能也是不同的。

自我决定理论认为，人类行为的背后都伴随着满足自身某种需要的动机。Armstrong 和 Hagel（1997）认为，人们访问商业虚拟社区是为了满足自身的某种需要，比如，获得商品或服务信息或者满足自身某种兴趣等。消费类虚拟社区的顾客自组织性决定了顾客需要的满足主要依靠顾客之间的交换来实现。因此，我们认为，CCBI 是顾客为了满足自身的某种需要而做出的与其他顾客之间的社会交换行为，换句话说，CCBI 的前因是顾客满足自身某种需要的动机。但是，相对而言，消费类虚拟社区为顾客提供的是一个彼此交流消费信息的服务平台，顾客做出的与社区之间的社会交换行为即 CCBO 与顾客访问社区的动机无关，而与顾客在接受社区服务之后形成的体验有关。只有在顾客多次访问社区并形成对社区服务的积极体验之后，顾客才可能做出对社区有利的行为即 CCBO，正如 Gruen（1995）所说，这是企业关系营销的结果。

综上所述，我们认为，在消费类虚拟社区中，CCBO 与 CCBI 具有不同的前因，CCBO 主要受到社区关系营销的影响，而 CCBI 则主要受到顾客满足自身某种需要的动机的驱动。以文献回顾为基础，我们将采用关系营销理论构建关系质量变量与 CCBO 之间的关系，并运用自我决定理论构建个体行为动机与 CCBI 之间的关系。

1. CCBO 的前因

Gruen（1995）认为，与 B2B 关系相比，在 B2C 关系中，从企业的角度来讲，单个顾客的单次购买额以及整个生命周期的价值都相对较小，因而限制了企业对单个顾客关系的投入；而从顾客的角度来说，顾客面临着众多的可选择的竞争企业，随时可以以最低的成本转向替代者。基于此，Gruen（1995）指出，B2C 关系要比 B2B 关系更加脆弱，因而，承诺可能在 B2C 关系中的作用较弱，而满意和信任在 B2C 关系中则可能比在 B2B 关系中更为重要。Morgan 和 Hunt（1994）也曾指出，尽管其研究结果显示承诺和信任都对合作行为具有积极影响，但是，从统计参数上来看，信任对合作行为的影响要远大于承诺。基于 Gruen（1995）的观点和 Morgan 和 Hunt（1994）的研究结论，我们认为，在网络环境下，能够为顾客提供相同服务的消费类虚拟社区众多，并且提供创新服务的虚拟社区也是层出不穷，顾客具有充分的选择机会并且转换成本很低，因而，承诺在虚拟社区情境下的 B2C 关系中可能比在线下面对面 B2C 关系中的作用更弱，因此，我们在构建关系质量变量与 CCBO 之间的关系时，只保留了满意和信任，而舍弃了承诺作为顾客公民行为的前因变量。此外，借鉴 Bettencourt（1997）对顾客公民行为前因的研究，我们增加了另一个反映企业与顾客之间关系的变量——顾客感知支持，关于这个概念我们将在下面的假设推导中进一步阐述。

（1）社区满意与 CCBO。关于顾客满意，学术界存在两种观点，一种认为顾客满意是顾客在特定时间或特定地点购买产品或服务后形成的购后评估，另一种认为顾客满意是顾客对一定时间内的产品或服务购买经历进行考虑后形成的整体评估，即整体顾客满意。前者是对某一次交易或购买经历的评估；而后者则是对一定时期之内的多次购买、多次消费经历的累积性评估，对产品或服务的感受更全面、更客观，因而对顾客交易后的行为意向会产生更大的影响。许多学者对顾客满意的研究采用了整体顾客满意的观点。在消费类虚拟社区中，顾客对社区的一次访问可能产生满意或不满意两种结果。顾客的不满意会促使顾客离开社区，而顾客对社区一次访问的满意至多只能使顾客产生再次访问社区的意愿。只有在多次满意的社区访问经历的基础上，顾客才可能做出更多有利于关系发展的行为。因此，本研究中，我们对顾客的社区满意概念采用整体顾客满意的观点，并采用王炜（2010）对虚拟社区满意的定义，即社区满意是社区顾客对虚拟社区的整体态度，是顾客在长期使用经历的基础上积累形成的对虚拟社区的一种整体衡量及感受。

现有的顾客公民行为前因研究对顾客满意与 CCBO 之间的关系进行了较多的探讨。Gruen（1995）在对顾客公民行为进行定性研究时提出，不满意的顾客会离开企业而不是仅仅调整其公民行为，因此提出，顾客满意与顾客公民行为之间没有直接的关系，满意通过信任和关系承诺对顾客公民行为产生间接影响。但是，Gruen（1995）构建的关系质量变量与顾客公民行为之间关系的模型只是一个概念模型，并未对其进行实证检验。在 Gruen（1995）之外，很多学者提出并

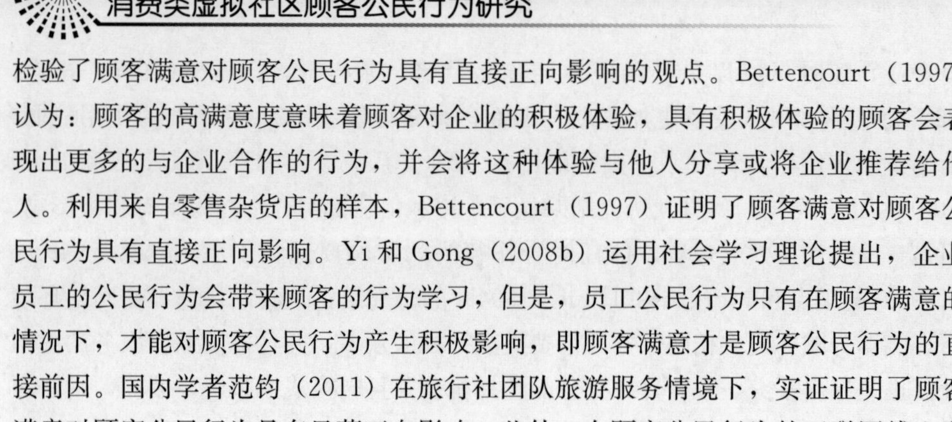

检验了顾客满意对顾客公民行为具有直接正向影响的观点。Bettencourt（1997）认为：顾客的高满意度意味着顾客对企业的积极体验，具有积极体验的顾客会表现出更多的与企业合作的行为，并会将这种体验与他人分享或将企业推荐给他人。利用来自零售杂货店的样本，Bettencourt（1997）证明了顾客满意对顾客公民行为具有直接正向影响。Yi 和 Gong（2008b）运用社会学习理论提出，企业员工的公民行为会带来顾客的行为学习，但是，员工公民行为只有在顾客满意的情况下，才能对顾客公民行为产生积极影响，即顾客满意才是顾客公民行为的直接前因。国内学者范钧（2011）在旅行社团队旅游服务情境下，实证证明了顾客满意对顾客公民行为具有显著正向影响。此外，在顾客公民行为的互联网线上研究中，Groth（2005）在网络购物商城情境下，以社会交换理论为基础提出，当顾客对企业的服务满意或者感到其得到了超过其期望的额外的待遇时，他们会更倾向于通过采取对企业有利的自愿行为以作为回报。运用调查和实验两种方法，Groth（2005）验证了顾客满意对顾客公民行为倾向具有积极的影响。国内学者谢礼珊等（2008）也在旅游网站网络预订服务情境下，验证了顾客满意对顾客公民行为具有直接的正向影响。但是，到目前为止，还没有学者在消费类虚拟社区情境下实证检验顾客满意对顾客公民行为的影响。以上述研究为基础，本书提出以下假设：

H1a：顾客整体社区满意对消费类虚拟社区中的 CCBO 具有直接正向影响。

（2）社区信任与 CCBO。信任是关系营销的一个关键核心变量，是营销研究领域对心理学和社会学中信任概念的借鉴。在营销文献中，信任通常被界定为一种期望、信念或信心。Bhattacharya 和 Devinney 等（1998）定义信任是一方基于对另一方的行为能够使自己得到积极结果的期望。Bradach 和 Eccles（1989）定义信任为对交换的另一方不会采取机会行为的期望。Walter 和 Müller 等（2000）将信任定义为：一方对供应商善意、诚实，并有能力做出最有益于关系的行为的信念。Morgan 和 Hunt（1994）将信任定义为：对交换的另一方的可靠性和诚意的信心。为了避免对信任的属概念进行区分，很多学者在界定信任的定义时，或在对信任的定义作进一步的解释时，同时包含了上述三个属概念中的两个或全部。例如，Sitkin 和 Roth（1993）将信任定义为，施信方对受信方能够按照期望的方式行事的信念和信心。由此，借鉴上述信任的定义，我们将顾客对消费类虚拟社区的信任定义为：顾客对虚拟社区的诚实、善意以及有能力按照顾客期望的方式做出有益于双方关系的行为的信念和信心。

关于信任与顾客公民行为的关系，Gruen（1995）认为，信任会对顾客做出的指向企业的公民行为产生积极影响，顾客对企业越信任，顾客表现出公民行为的可能性越大。但是，Gruen（1995）的研究并没有经过实证的检验。国内学者谢礼珊等（2008）实证检验了顾客对旅游网站的信任感对顾客公民行为具有直接正向影响。目前，在虚拟社区情境中，只有王炜（2010）对虚拟社区中成员间的人际信任对顾客公民行为的影响进行了实证检验，尚未有学者在虚拟社区中探讨并实证检验顾客对社区的信任对社区中顾客公民行为的影响。我们认为，在消费类虚拟社区中，当顾客认为社区是善意的、诚实的，不会做出欺骗顾客或损害顾客利益的机会行为，并且愿意听取顾客的意见和建议，努力为顾客提供良好的社区服务时，顾客就会对社区产生信任。对社区的信任会促使成员做出有益于关系的行为，如为社区的改进提出建议、协助社区的调研活动等。此外，Anderson 和 Weitz（1992）认为，信任使关系各方可以为了实现长期的关系利益而做出短期的牺牲。这可以为一些顾客在社区服务出现问题或在经历不满意的社区体验时，仍然愿意继续留在社区中提供一种理论解释。综上所述，本书提出以下假设：

H1b：顾客的社区信任对消费类虚拟社区中的 CCBO 具有直接正向影响。

（3）感知社区支持与 CCBO。在组织公民行为研究中，感知组织支持（Perceived Organizational Support，POS）是基于社会交换理论提出的，并在实证研究中得到检验的一个对员工组织公民行为具有重要影响的因素。感知组织支持是指员工对感受到的组织重视其贡献和关心其利益的程度的总体看法。许多组织公民行为研究证明了感知组织支持对员工组织公民行为的直接正向影响。

Bettencourt（1997）根据组织公民行为研究中感知组织支持的概念，提出了顾客感知支持（Perceived Support for Customers，PSC）的概念。与感知组织支持反映的是员工与组织之间的关系不同，顾客感知支持反映的是顾客与企业之间的关系，是顾客感知到的企业关心其利益和重视其贡献的程度。Bettencourt（1997）认为，企业对顾客的支持主要表现在，关心顾客的需要与需求，重视顾客的意见与反馈，在顾客有需要时尽力为顾客提供帮助等。按照社会交换理论，对感知到的来自企业的重视和关心，会使得顾客以同样的方式来回报企业，主动将自己的需要反馈给企业，当遇到或发现企业服务中的问题时，主动告知企业或向企业进行积极地抱怨等。顾客做出这些公民行为，都是因为顾客感知到了来自企业的支持，相信企业关心顾客的利益，重视顾客的反馈，并愿意按照顾客的反馈改进企业服务。Bettencourt（1997）利用来自零售杂货店的样本，实证证明了顾客感知企业支持对顾客公民行为具有直接的正向影响。根据以上研究，我们提出感知社区支持的概念，指的是顾客对感知到的虚拟社区关心其利益和重视其贡献的程度的总体看法。在消费类虚拟社区中，如果虚拟社区使顾客感受到社区对其利益的关心，并且对于顾客反馈的信息以及为社区做出的贡献给予重视和支持，那么，顾客也会像实体服务环境下一样，表现出各种关心社区发展的反馈和促进行为。综上所述，本书提出以下假设：

H1c：感知社区支持对消费类虚拟社区中的 CCBO 具有直接正向影响。

2. CCBI 的前因

如前所述，在消费类虚拟社区中，CCBI 是社区顾客之间为了满足自身的某种需要而做出的社会交换行为，即 CCBI 的前因是顾客满足自身某种需要的动机。依据自我决定理论关于内部动机和外部动机的观点，我们认为，在消费类虚拟社区中 CCBI 也具有外在和内在两方面的动机。借鉴已有的虚拟社区鼠碑行为动机和知识共享行为动机研究，并结合消费者定性访谈的结果，我们提出 CCBI 的 4 种动机，即互惠动机、声誉动机、兴趣动机和利他动机。其中，互惠动机和声誉动机是外部动机，兴趣动机和利他动机是内部动机。

（1）互惠动机与顾客公民行为。互惠是社会交换理论的一个核心概念，是社会交换遵循的一个基本规范。互惠要求人们应该等价地回报那些曾经帮助过他们的人。互惠是双向的。对于施与方来说，由于互惠规范的存在，施与方相信，自己的行为将会得到回报，尽管这种回报可能在未来的某个不确定的时间才会发生并且回报的形式也是不确定的，但是，回报的确定性促使施与方伸出援手，给予他人帮助。对于受益方来说，得到他人的帮助，会使其在内心中感受到一种亏欠，从而促使受益方通过回报他人的帮助来减少这种亏欠感。

在互联网发展的早期阶段，虚拟社区主要被用于科学研究，合作和资源分享是虚拟社区的内在规范。随着虚拟社区被更多地用于商业目的，分享仍然受到鼓励。著名互联网企业 Ebay 的社区价值陈述中就有这样一条：你希望别人怎样对待你，就请你怎样对待别人。已有的研究发现，虽然虚拟社区中顾客之间的关系属于陌生人之间的一种弱关系，但是，互惠规范仍然起作用。

在消费类虚拟社区中，顾客与顾客之间的互动更多的是交换导向的。人们分享自己的消费信息和购物经验，或者应他人的请求对他人购物和消费中遇到的问题给予帮助，一定程度上都包含互惠的动机，即希望他人也能分享对自己有用的相关信息和经验，或者在自己遇到问题时也能够获得他人的帮助。有研究表明，经常在社区中帮助他人的成员似乎能够更快地得到帮助。而对于那些求助得到他人回应和支持并在他人的分享行为中获益的顾客来说，内心中形成的亏欠感会促使其努力通过对他人的回报来弥补这种亏欠感。因此，我们提出以下假设：

H2a：互惠动机对消费类虚拟社区中的 CCBI 具有直接正向影响。

（2）声誉动机与顾客公民行为。社会交换理论认为，人们参与社会交换是以期望获得某种社会报酬（如认同、地位和尊重）为基础的。

尽管虚拟社区环境是虚拟的，成员彼此之间是陌生人并且也没有机会彼此面对面，但是一些研究表明，人们参与虚拟社区活动具有提升社区地位和声誉的动机。Rheingold（1993）在其早期的有关虚拟社区的著作中就曾提出，获得地位和声望是个体在虚拟社区中做出贡献的一个关键动机。Constant 等（1996）在组织内部虚拟社区中的研究显示，提高自身在组织中的声望和地位是个体在组织内部虚拟社区中向他人提供有用信息和建议的重要动机。Donath（1999）在实践型虚拟社区中的研究证明，建立社区声誉是成员积极参与虚拟社区的一个主要动机。Lakhani 和 Hippel（2003）认为，虚拟社区成员能够感知到，经常回答他人提出的问题并发表有见地的想法，可以提升自己在社区中的地位，因而会促使其更积极地帮助他人。Hummel 和 Lechner（2002）的研究也显示，通过为社区其他成员贡献信息可以获得来自社区其他成员的赞誉，从而激励成员进一步参与社区互动和做出更多的贡献。Wasko 和 Faraj（2005）在已有研究的基础上，在实践型虚拟社区中，实证检验了声誉动机对知识共享行为的直接积极影响。Wang 和 Fesenmaier（2004）认为，在虚拟社区中，发布包含精彩内容的帖子、提供高质量的信息和为其他成员提供帮助都能够提高个体在虚拟社区中的地位和声誉。以已有研究为基础，Wang 和 Fesenmaier（2004）在旅游虚拟社区情境下，实证证明了虚拟社区成员会为了提升自己在社区中的地位（包括赢得赞誉、声望和威信）而为其他成员做出贡献。国内学者赵越岷等（2010）也实证证明了声誉动机对虚拟社区中消费者信息共享行为的正向积极影响。

以上述研究为基础，我们认为，在消费类虚拟社区中，顾客发布自己的购物或消费经历，以及对其他顾客在购物和消费中遇到的问题进行解答，可以使其在社区中赢得产品或消费专家的声誉。因此，我们提出以下假设：

H2b：声誉动机对消费类虚拟社区中的 CCBI 具有直接正向影响。

（3）兴趣动机与顾客公民行为。根据自我决定理论，兴趣是个体的一种内部动机，是个体在没有外部压力、不求回报的情况下产生的，个体从事某项行为或活动是为了从活动本身获得快乐和满足。因此，兴趣动机为个体的行为提供了内在主动性和行为的坚持性。

Armstrong 和 Hagel（1997）认为，人们参与虚拟社区是为了满足自身的某种需要，而虚拟社区为人们分享共同的兴趣爱好提供了一个理想的场所。以此为基础，Armstrong 和 Hagel（1997）将兴趣型虚拟社区作为一种独立的虚拟社区类型与其他类型的虚拟社区相区别。在兴趣型虚拟社区中，与具有共同兴趣的人互动并分享彼此的兴趣爱好是虚拟社区成员积极参与社区互动的主要动机。此外，在非兴趣型虚拟社区中，也有学者对兴趣动机对社区成员社区贡献行为的影响进行探查。Wang 和 Fesenmaier（2004）在文献回顾的基础上，提炼出 20 个顾客虚拟社区贡献行为的可能动机，对来自美国的一家旅游虚拟社区网站的 323 名社区成员的样本数据进行分析，结果显示，除去成员认为在虚拟社区中向他人“提供信息不需要成本”这一原因外，分享兴趣的动机在上述 20 个可能的动机中被该社区成员认为是其做出社区贡献行为的最重要的动机。旅游虚拟社区是一种围绕与旅游相关的产品或服务建立起来的一类消费类虚拟社区。我们认为，对于所有的围绕着与某项产品或服务相关的话题建立起来的消费类虚拟社区而言，如果顾客访问虚拟社区的目的仅仅是为了搜寻产品或服务的相关信息，那么，其必然在找到需要的信息后就会离开社区，而不会在社区中持续与其他顾客互动交流。那些在社区中发帖并提供对其他顾客有用的信息，或者通过回帖回答他人的问题以帮助其他顾客的人，必然是对社区讨论的产品或服务具有强烈兴趣的人。对某种产品或服务共同的兴趣促使人们在消费类虚拟社区中聚集并分享彼此的兴趣，同时由于具有对特定产品和服务相关的丰富的信息和知识，因而有能力对社区其他成员的求助做出回应。因此，我们提出以下假设：

H2c：兴趣动机对消费类虚拟社区中的 CCBI 具有直接正向影响。

（4）利他动机与顾客公民行为。根据自我决定理论，内在动机可以使人们从行为的自身获得内在的快乐和满足。关于人类利他行为的研究表明，利他是人类行为的一个内在动机，帮助他人可以使帮助者产生愉悦感，获得内心的快乐和满足，因此，人们在做了好事之后还会做更多的好事。社会交换理论认为，人们不仅与他人交换产品或服务、信息和金钱，也会交换爱。来自对社会志愿者的相关研究为这一观点提供了有力的证据。Pilliavn（1982）对献血者的研究显示，几乎所有的献血者都表示，“献血可以使自己感觉良好”，“可以给予你自我满足”，从事志愿者活动有益于成年人保持良好的精神状态甚至健康状况。在现实生活中，有些人天生具有利他倾向，而另一些人则是在做过好事之后，受到内在回报的鼓励而继续做好事。

在针对消费类虚拟社区的访问者进行的定性访谈中，一些被访者在回答“为什么给予他人帮助”的问题时表示，“恰好看到而自己也恰好知道答案”，这反映了一种天生的利他倾向；另一些被访者则表示，“当别人对自己表示感谢，自己感到心情愉悦并且获得了某种内心的满足”。已有的虚拟社区成员行为研究为利他动机驱动虚拟社区中的顾客公民行为提供了一定的支持。Kankanhalli（2005）和 Wasko 和 Faraj（2005）在实践型虚拟社区中的研究表明，享受助人的快乐是实践型虚拟社区成员知识贡献行为的一个主要动机。Lou 等（2011）提出，现有

的知识共享研究都是在与工作或职业相关的实践型虚拟社区中进行的，但是，互联网中大量存在的是非实践型虚拟社区，因此，他们在与职业无关的在线问答虚拟社区中对知识共享行为进行了探查。运用来自一个著名中文虚拟问答社区的367个参与者的一次网络调查，Lou等（2011）实证证明了享受帮助的动机对虚拟问答社区成员知识共享行为的数量具有显著影响。以上述学者对虚拟社区成员知识共享行为研究的相关结论为基础，结合我们对网络消费者定性访谈的结果，我们提出以下假设：

H2d：利他动机对消费类虚拟社区中的CCBI具有直接正向影响。

4.1.2 虚拟社区顾客公民行为对黏性倾向的影响

在互联网环境下，顾客的搜寻成本和转换成本几乎为零，鼠标一点，就可以从一个服务商转移到另一个服务商。加之，互联网降低了企业竞争的门槛，在网络环境中提供相同产品或服务的企业众多，顾客掌握着充分的选择权。因此，对于互联网企业来说，吸引和保留顾客远比传统环境下要困难得多。换句话说，在互联网环境中，企业难觅顾客忠诚。在这样的现实环境下，一些学者提出，网络环境下的顾客忠诚就是顾客黏性。对于消费类虚拟社区来说，要在众多的同类虚拟社区中脱颖而出并获得持续发展，首要的目标就是提高顾客对自身社区的黏性。

现有的互联网黏性研究主要存在两种研究视角：企业视角和顾客视角。企业视角的黏性研究关注网站特征，Davenport（2000）将网站黏性定义为：互联网环境下网站吸引和保留顾客的能力。相应的，对于网站黏性影响因素的探讨也主要关注如何改进网站的属性，如网站的反应速度、内容的丰富程度和内容更新的及时性等。Valczuch等（2001）将网站黏性的驱动因素分为5类，分别是内容类型、内容维度、信息来源、辅助驱动因素和黏性需要（转引自王海萍，2009）。相对企业视角的黏性研究，顾客视角的黏性研究相对较少。Li等（2006）借鉴顾客忠诚的定义，从顾客角度将黏性定义为：尽管存在其他可能导致顾客转换行为的情境和营销因素，但是由于对网站形成的深度的承诺，顾客坚持在未来重复访问与使用所偏好的网站。显然，与企业视角的黏性研究关注网站属性不同，顾客视角的黏性研究更关注顾客与网站的关系质量。然而，尽管采用了不同的研究视角，顾客视角的黏性研究在探讨顾客黏性的驱动因素时，却未能突破企业视角黏性研究的框架。Kumiawan（2000）构建了一个包括社区卷入、网站吸引力和便利性三个网站属性变量通过愉悦和顾客满意的中介作用对顾客黏性产生影响的模型，然而研究结果却并没有支持满意对顾客黏性具有显著影响（转引自吕红兵，2012）。Lin 等（2007）从操作的角度将顾客黏性倾向定义为：顾客重复访问特定网站或延长每次在特定网站持续停留时间的意愿。以此定义为基础，Lin 等（2007）实证检验了包括网站内容、网站形式和网站基础设施三个顾客感知网站价值变量对顾客网站黏性的直接影响，以及这三个顾客感知网站价值变量通过积极的态度和信任变量对顾客网站黏性的间接影响。

通过以上讨论，我们可以看出，现有文献对互联网顾客黏性驱动因素的研究还很不充分，并且大多是从网站属性的角度，探讨网站属性对顾客黏性的直接影响，或者探讨网站属性通过满意、信任、承诺等关系质量变量对顾客黏性的间接影响。在第 2 章对关系营销理论的回顾中，我们曾提出，对虚拟社区的服务满意或信任的顾客会更多地参与社区并传播社区的积极口碑，关系质量的各个维度可能通过影响顾客的社区行为进而促使顾客形成社区忠诚。尽管顾客公民行为的现有研究忽略了对顾客公民行为结果的探查，但是，有学者在网络零售环境下实证检验顾客公民行为与网络顾客忠诚之间的关系，并证明了顾客公民行为是网络顾客忠诚的前因。在消费类虚拟社区中，顾客做出的指向社区的公民行为（CCBO），例如，顾客传播有关社区的积极口碑及向他人推荐社区的行为，可以增加社区的知名度和美誉度，从而提高社区的访问量；顾客为社区提出改进建议、积极反馈有用的信息等行为，可以促进社区服务质量的提高，使社区已有顾客和新访问者在对社区服务满意的基础上，增加对社区的回访率和保留率。同样，顾客做出的指向其他顾客的公民行为（CCBI），如顾客在社区中的分享和求助回应行为，使得社区的访问者总能在社区中找到自己想要的信息，有利于提高社区访问者的回访率；而及时的“求助回应”和“支持”行为可以使社区已有顾客和初次访问者感受到一种人性温暖，从而对社区产生某种情感，增加在社区中停留的时间。因此，我们认为，在消费类虚拟社区中，两种指向的顾客公民行为都可以增加顾客对社区的黏性。为了便于概念的测量，我们采纳 Lin 等（2007）的黏性倾向的概念，并提出如下假设：

H3a：消费类虚拟社区中的 CCBO 对顾客的社区黏性倾向具有直接正向影响。

H3b：消费类虚拟社区中的 CCBI 对顾客的社区黏性倾向具有直接正向影响。

4.1.3 自我效能感的调节作用

如前所述，自我效能感是班杜拉社会认知理论的核心概念，指的是人们对自

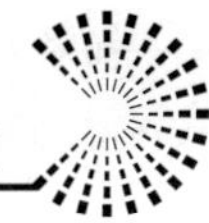

己在特定领域中实现行为目标所需能力的信心或信念。社会认知理论认为，个体感知到的自我效能在影响个体行为方面扮演着重要的角色。

班杜拉认为，自我效能感是同具体情境或领域相联系的，自我效能感会随着情境或任务的不同而变化。互联网是一种技术环境，对使用者的技术接受和使用能力提出了一定的要求。因此，自互联网一出现，与互联网使用者接受和使用互联网技能相关的自我效能感就首先引起了学者们的关注。Hsu 和 Chiu（2004）将“互联网自我效能感”定义为：个体对自身是否有能力组织并执行一系列互联网行为以达成某一目标的信念，即个体对自身能否完成某项互联网任务（如信息搜索）的判断和信心。

虚拟社区作为一种互联网环境，从技术上也会对顾客的社区行为造成一定的障碍。但是，顾客只要具备一定的基本操作能力，如搜索并浏览别人的帖子、发布自己的帖子等，就有能力做出顾客公民行为。因此，我们认为，顾客在社区使用能力方面的自我效能感对顾客社区公民行为的影响应该较小。在消费类虚拟社区中，顾客公民行为主要表现为，为社区服务改进提出建议、向其他顾客推荐社区、推荐产品或服务、给予其他顾客产品购买建议、解答其他顾客提出的消费相关问题等。顾客在做出上述这些行为时，需要顾客对社区主题相关的产品或服务等具备一定的知识、经验，同时还要承担负面评价的风险。如传播社区的积极口碑可能会被其他顾客误解，给予其他顾客的产品推荐建议或提供的购物或消费信息也可能发生错误。因此，我们认为，在消费类虚拟社区中，自我效能感对顾客公民行为的影响主要来自顾客对自身具备的产品或服务知识、经验的信心，以及对可能面对的负面评价的担忧。Ardichvili 和 Page 等（2003）在企业内部虚拟社区中，探讨了员工社区贡献行为的动机和障碍因素，结果发现，担心被其他社区成员批评或误解是员工放弃作出社区贡献行为的主要原因。来自助人行为的相关研究也可以为这一观点提供证据。Karakashian 等（2006）以 83 名大学生为研究对象，探讨了负面评价恐惧与助人行为的关系。实验研究表明，在社交和非社交情境中，负面评价恐惧都能预测助人行为，负面评价恐惧的个体较少表现出助人行为。

在文献回顾中我们曾指出，现有的虚拟社区环境下的顾客行为研究倾向于将自我效能感作为虚拟社区顾客行为的前因，探讨自我效能感对顾客行为的直接影响。例如，Hsu 等（2007）的研究表明，自我效能感是虚拟社区成员知识共享行为的一个关键决定因素。张鼐、周年喜（2010）和李枫林等（2011）也都通过实证研究，在虚拟社区环境下，证明了自我效能感对知识共享行为的直接影响。此外，岑成德等（2011）在互联网旅游预订自助服务情境下，验证了自我效能感对顾客参与行为的重要影响。

社会认知理论认为，自我效能感能够加强或削弱个体行为的动机水平。依据社会认知理论的这一观点，我们认为，自我效能感是个体对自身具备的行为能力的信心，在缺少行为动机和行为促发因素的情况下，不会直接引起行为的发生。换句话说，自我效能感不是引起人们行为的原因，而是在具备行为动机的情况下，对行为发生与否以及行为的结果产生调节作用。班杜拉把自我效能感看做个体对自己是否有能力操作行为的预期，并进一步把预期分为结果预期和效能预期。结果预期是对某种行为导致某种结果的个人预测；效能预期则是个体对自己能否顺利地进行某种行为以产生一定结果的预期。当个体确信自己有能力进行某一活动，并且这一行为将带来预期的某种结果时，他就会产生高度的“自我效能感”，而这种高自我效能感将会促使个体采取这一行为。现有文献对于自我效能感对虚拟社区顾客行为可能存在的调节作用还鲜有关注。我们在文献阅读中只发现 Yi 和 Gong（2008）在互联网服务情境下，利用来自大学 MBA 的学生样本，证明了自我效能感能够加强顾客满意与顾客网络口碑行为之间的关系。我们认为，在消费类虚拟社区中，顾客对自身行为的结果预期和效能预期即自我效能感也会在顾客公民行为与其前因或动机之间起到调节作用。例如，当顾客确信帮助他人会使自己获得社区声誉的提升或者为自己带来内心的满足与快乐，并且自己有能力提供帮助时，顾客就会做出或者更多地做出指向其他顾客的公民行为。

综上所述，我们提出以下假设：

H4：自我效能感正向影响（a）社区满意（b）社区信任（c）感知社区支持与 CCBO 之间的关系。

H5：自我效能感正向影响（a）互惠动机（b）声誉动机（c）兴趣动机（d）利他动机与 CCBI 之间的关系。

4.2 研究设计

4.2.1 相关概念的测量

本研究的理论模型共涉及 11 个相关变量，除了顾客公民行为的两个相关变量（包括 CCBO 和 CCBI）已在第 3 章的量表开发环节生成测量量表外，其余 9 个变量的测量，我们主要借鉴现有文献中已有的相关测量量表，并结合消费类虚拟社区特定情境下的消费者定性访谈结果生成。

1. 社区满意的测量

如前所述，关于社区满意的概念我们采用整体顾客满意的观点，并将顾客的社区满意定义为，虚拟社区顾客对虚拟社区的整体态度，是顾客在长期使用经历的基础上积累形成的对虚拟社区的一种整体衡量及感受。

表 4－1　　整体顾客满意的测量题项

作者	测量指标	题项数量
Bettencourt（1997）	与其他商店相比，我对这家商店非常满意； 依据以往我在这家商店的体验，我是满意的； 我在这家商店的购物经历总是让我很愉快	3 项
Groth（2005）	总体上，你对这家企业提供的服务的满意程度如何？ 你如何评价这家企业提供的顾客服务？ 这家企业在提供顾客满意方面表现非常好	3 项
Chung（2006）	我选择这家服务商是明智的； 我认为使用这家服务商是我正确的选择； 服务商提供了满足这项服务的足够的便利； 总体上，我对自己选择这家服务商很满意	4 项
范钧（2011）	整个旅游过程中我非常满意旅行社和导游的服务； 旅行社和导游的服务比我预期的要好； 整个旅游过程非常愉快	3 项

现有的顾客公民行为研究在探查顾客满意与顾客公民行为之间的关系时，多数也都采用整体顾客满意的观点，已有文献中涉及的整体顾客满意测量如表 4－1 所示。

在借鉴 Bettencourt（1997）、Groth（2005）、Chung（2006）和范钧（2011）等学者的已有整体顾客满意测量量表的基础上，本研究对顾客社区满意的测量采用单维度、7 级李克特量表的测量方法（1 代表“非常不同意”，7 代表“非常同意”），共包括 3 项测量题项，如表 4－2 所示。

表 4-2　　本研究中社区满意的测量题项

代码	测量题项
CS1	与其他虚拟社区相比，我对该社区的服务是很满意的
CS2	从整体上说，我使用该社区服务的经历是愉快的
CS3	该社区提供的内容和服务达到了我的要求和标准

2. 社区信任的测量

与心理学关注个体和社会学关注人际关系不同，营销领域的信任研究更关注买方对卖方的信任。其中，买方既包括企业也包括个体消费者。起初，营销领域的信任研究主要集中在 B2B 领域，即信任的双方都是企业。Morgan 和 Hunt (1994) 探讨了利益相关者与企业之间的信任，并将个体消费者作为对企业信任的主体之一。本研究中的社区信任概念指的是顾客对消费类虚拟社区的信任，属于个体消费者对企业的信任范畴。表 4-3 总结了现有实证研究文献中有关个体消费者对企业信任的测量量表和测量题项。

表 4-3　　顾客信任的测量题项

作者	测量指标	题项数量
Garbarino (1999)	这家企业的表现总能符合我的期望； 可以预期这家企业会有好的表现； 我不认为这家企业总能有好的表现； 这是一家可信赖的企业； 这家企业的产品始终保持高质量； 我担心在这家企业消费是浪费时间； 我担心这家企业的产品不值那么多钱	7 项
Sirdeshmukh 等 (2002)	我感觉这家商店： 非常可靠/非常不可靠； 非常有能力/非常没有能力； 非常正直/非常不正直； 对待顾客非常负责任/对待顾客非常不负责任	4 项
Grazioli 等 (2000)	这家商店值得信任； 这家商店能够实践其对顾客的承诺； 这家商店将顾客的利益放在心上； 这家商店可以被信赖	4 项

续 表

作者	测量指标	题项数量
Nguyen 等（2013）	我相信，正直是这家企业的原则； 这家企业服务的专业性是公认的； 这家企业总是关心其顾客的利益； 这家企业对顾客利益的关心超过其自身利益	4 项
Hassanein 等（2007）	我感觉该网络商店诚实可靠； 我感觉该网络商店值得信赖； 我感觉该网络商店关心顾客的利益； 我相信该网络商店能够给我提供良好的服务	4 项

在现有的信任研究文献中，尽管在信任的构成维度上存在单维度和多维度的不同观点，但是，有趣的是，一些持多维度观点的学者在对信任进行测量时也倾向于使用单维度的测量方法，这在表 4－3 中也有所反映。如前所述，本研究将顾客的社区信任定义为：顾客对虚拟社区的诚实、善意以及有能力按照顾客期望的方式做出有益于双方关系的行为的信念和信心。与已有的信任测量相一致，本研究社区信任的测量也采用单维度的测量方法，结合我们对社区信任的定义以及虚拟社区的特定情境，共生成 5 个测量题项，测量仍然采用 7 级李克特量表（其中，1 代表“非常不同意”，7 代表“非常同意”），如表 4－4 所示。

表 4－4　　本研究中社区信任的测量题项

题项代码	测量题项
CT1	我相信该社区有能力为社区成员提供所需要的服务
CT2	我相信该社区愿意主动了解社区成员的需要
CT3	我相信该社区总是把社区成员的利益放在心上
CT4	我相信该社区不会损害社区成员的利益
CT5	整体上，我相信该社区是值得信赖的

3. 感知社区支持的测量

借鉴 Bettencourt（1997）顾客感知支持的概念，我们将感知社区支持定义为，顾客对感知到的社区关心其利益和重视其贡献的程度的总体看法。由于现有的顾客感知支持的相关研究很少，因此，对于感知社区支持的测量我们主要参考 Bettencourt（1997）对顾客感知支持的测量，如表 4－5 所示。

表 4－5　　顾客感知支持的测量题项

作者	测量指标	题项数量
Bettencourt (1997)	这家商店认为我对商店的贡献有价值； 这家商店非常关心我的需要和需求； 这家商店从不理睬我的抱怨； 当我在这家商店遇到问题时总能得到帮助； 这家商店真正关心我的利益； 这家商店在意我的看法； 这家商店总是尽可能提供最好的服务； 对这家商店来说，我只是一名顾客而已； 这家商店忽略了我为其做出的贡献； 这家商店做出对我有影响的决策时，从不考虑我的利益； 这家商店关心我对商店的整体满意感； 当我有特殊要求时，这家商店愿意提供帮助； 如果有机会，这家商店就会利用我； 这家商店几乎没对我表示出关心	14 项

Bettencourt（1997）的顾客感知支持测量量表共有 14 个题项。我们去除其中的反向题项和含义相同的题项，并根据消费类虚拟社区的特定情境对保留下来的题项进行适当修改后，形成本研究感知社区支持的测量量表，共包括 4 个题项，如表 4－6 所示。

表 4－6　　本研究中感知社区支持的测量题项

题项代码	测量题项
PS1	当我有要求时，该社区总是尽力给我提供帮助
PS2	该社区总是愿意倾听社区成员的反馈
PS3	该社区认为社区成员的贡献和反馈对社区非常有价值
PS4	该社区总是对社区成员的贡献和反馈行为表示感谢

4．互惠动机的测量

社会交换理论将互惠看作社会交换的一个基本规范，互惠规范的存在使得社会交换得以广泛存在和实现。互惠通常被定义为在交换双方之间形成的一种亏欠

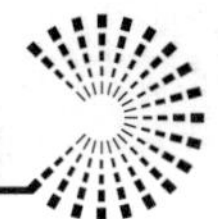

感。互惠要求受益方对接受他人的帮助做出回报，从而使得施与方相信自己的给予将在未来得到回报，因而愿意在当下伸出援手。一些学者认为，互惠在虚拟社区环境下，仍然发挥重要作用。表 4－7 总结了学者们在虚拟社区情境下对互惠的测量。

表 4－7　互惠的测量题项

作者	测量指标	题项数量
Lakhani 和 Hippel（2003）	我现在帮助别人，才能在将来得到别人的帮助； 我曾经在该主题社区中得到帮助，因此我要回报； 我曾经在整个社区平台上得到帮助，因此我要回报	3 项
Wasko 和 Faraj（2005）	我知道其他人会帮助我，因此，公平的做法是我也帮助别人； 我相信，当我处在相同的情况下时，其他人也会帮助我	2 项
Wiertz 和 Ruyter（2007）	当 X 社区有需要时，成员应该支持以回报； 当我获得帮助时，我觉得我应该给予回报并帮助其他人； 在 X 社区中，给予和回报的规则是非常重要的	3 项
Chu 等（2009）	当社区的其他使用者需要时，我愿意提供帮助和分享我的信息； 当社区其他成员需要我的帮助时，我愿意伸出援手，即使我要为此付出时间和精力； 当我发出帮助请求时，我想社区中的其他成员会给予我帮助； 尽管我曾经帮助过的人在将来可能不会给予我帮助，但是，我相信社区中的其他成员会帮助我	4 项

在前面的论述中，本研究认为，在虚拟社区中，作为顾客公民行为的动机，互惠是双向的，既包括互惠期望，即施与方相信，自己的行为将会得到回报，也包括互惠回报，即受益方认为，自己应该回报他人曾经给予的帮助。这一观点，与上述 Wasko 和 Faraj（2005）、Wiertz 和 Ruyter（2007）、Chu 等（2009）的观点也是基本一致的。本研究在借鉴以上已有的虚拟社区情境中互惠测量量表的基础上，结合本研究顾客指向其他顾客的公民行为（CCBI）的 3 种具体行为表现，形成本研究中互惠动机的测量题项，共有 6 个题项，如表 4－8 所示。

表 4-8 本研究中互惠动机的测量题项

题项代码	测量题项
RP1	当我对社区中其他成员的求助给予帮助时，我相信将来在我有需要时，其他成员也会向我提供帮助
RP2	当我将自己拥有的产品或服务信息、知识和经验等资源分享给社区中其他成员时，我认为其他成员也会将他们拥有的这些资源分享给我
RP3	当我对社区中其他成员的求助要求给予支持时，我相信其他成员也会对我的求助给予支持
RP4	当其他成员对我的求助给予回应时，我认为将来在其他成员求助时，我也应该给予回应
RP5	当我获得其他成员分享的产品或服务信息、知识和经验时，我觉得我也应该将自己拥有的这些资源与其他成员分享
RP6	当其他成员对我的求助给予支持时，我觉得我也应该对其他成员的求助要求给予支持

5. 声誉动机的测量

如前所述，已有多位学者在虚拟社区情境下实证检验了声誉动机对社区参与和知识共享行为的积极影响。表 4-9 对现有相关研究中声誉动机的测量题项进行了总结。

表 4-9 声誉动机的测量题项

作者	测量指标	题项数量
Constant（1996）	我享受获得他人的尊重	1 项
Lakhani 和 Hippel（2003）	我回答别人的问题是为了提升我的职业发展； 我想要提高自己在社区中的声誉	2 项
Dholakia（2004）	给他人留下好印象； 感觉自己很重要	2 项
Wang 和 Fesenmaier（2004）	赢得社区声望； 获得在社区中的地位	2 项
Wasko 和 Faraj（2005）	通过社区参与我可以得到其他社区成员的尊重； 我感觉社区参与提高了我的职业地位； 我参与社区是为了提高我的声誉	3 项

本研究认为，在虚拟社区中，通过对社区做出贡献或者给予其他顾客帮助都可以提升顾客在社区中的声誉和地位，并获得来自社区其他顾客的尊重和认可。参照学者们已有的声誉动机测量题项，结合定性访谈的结果，本研究声誉动机的测量题项共 3 项，采用 7 级李克特量表测量方法（其中，1 代表“非常不同意”，7 代表“非常同意”），如表 4－10 所示。

表 4－10　　本研究中声誉动机的测量题项

题项代码	测量题项
RM1	通过帮助、支持并与其他成员分享资源，我可以提高自己在社区中的地位和声誉
RM2	通过帮助、支持并与其他成员分享资源，我可以获得社区其他成员的认可和赞赏
RM3	通过帮助、支持并与其他成员分享资源，我可以获得社区其他成员的尊重

6. 兴趣动机的测量

尽管 Armstrong 和 Hagel（1997）在其早期有关虚拟社区商业模式的著作中即指出，兴趣是个体参与虚拟社区的一个主要动机，但是至今，通过实证研究探讨兴趣动机对顾客虚拟社区参与行为影响的相关研究并不多。在文献研读中，我们只发现 Ridings 和 Gefen（2004）对兴趣动机进行了测量，测量使用了 2 个题项，分别是“我喜欢谈论社区中的主题”、“社区讨论的主题是我真正喜欢的”。以 Ridings 和 Gefen（2004）的兴趣动机测量量表为基础，结合消费者定性访谈的结果，我们确定了本研究中兴趣动机的测量题项，共 4 项，如表 4－11 所示。

表 4－11　　本研究中兴趣动机的测量题项

题项代码	测量题项
IM1	该社区讨论的主题是我的兴趣
IM2	我喜欢与该社区中与我有共同兴趣的人在一起交流
IM3	与社区中的其他成员分享我的兴趣令我很快乐
IM4	该社区讨论的主题正是我擅长的

7. 利他动机的测量

已有学者在不同类型的虚拟社区中实证检验了利他动机对虚拟社区成员的助

人行为和知识分享行为的影响。表 4 - 12 对学者们研究中使用的利他动机相关的测量题项进行了总结。

表 4 - 12　　　　利他动机的测量题项

作者	测量指标	题项数量
Wasko 和 Faraj（2005）	我喜欢帮助他人； 帮助他人解决问题使我感觉良好； 我喜欢在社区中帮助其他人	3 项
Kankanhalli 等（2005）	我喜欢通过该社区与他人分享我的知识； 我喜欢通过在社区中分享知识给他人以帮助； 通过在社区中分享知识帮助他人使我感觉良好； 在社区中向他人分享我的知识给我带来了快乐	4 项
Lou 等（2011）	我喜欢与该社区中的其他人分享知识； 我喜欢通过回答问题来给予社区中的其他人以帮助； 通过回答问题来帮助他人令我感觉良好； 通过回答问题来帮助他人使我感觉快乐	4 项

以 Wasko 和 Faraj（2005）、Kankanhalli 等（2005）和 Lou 等（2011）等的利他动机测量量表为基础，结合消费者定性访谈的结果，我们确定了本研究利他动机测量的 3 个题项，如表 4 - 13 所示。

表 4 - 13　　　　本研究中利他动机的测量题项

题项代码	测量题项
AM1	我喜欢帮助其他人
AM2	帮助其他成员解决问题使我很有成就感
AM3	帮助社区里的其他成员使我感到快乐

8. 黏性倾向的测量

如前所述，互联网环境中的黏性研究存在企业和顾客两种视角。本研究探讨虚拟社区顾客公民行为对顾客社区黏性倾向的影响，属于顾客视角的黏性倾向研究。Lin 等（2007）将顾客黏性倾向定义为，顾客重复访问特定网站或延长每次

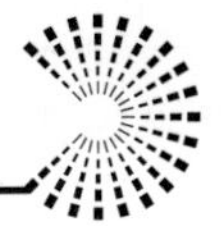

在特定网站持续停留时间的意愿，并在实证研究中开发了黏性倾向的量表。现有研究中的黏性倾向测量题项如表 4－14 所示。

表 4－14　黏性倾向的测量题项

作者	测量指标	题项数量
Li 和 Browne（2006）	我打算将来一直使用这家网站； 我打算将来继续使用这家网站； 我预期将来我会继续使用这家网站	3 项
Lin 等（2007）	与其他网络商店相比，我在这家网站停留的时间更长； 我打算延长在该网站停留的时间； 我会尽可能多地访问该网站； 每次上网我都会访问该网站	4 项

以 Li 和 Browne（2006）与 Lin 等（2007）的黏性倾向测量题项为基础，结合消费类虚拟社区的特定情境以及网络消费者定性访谈的结果，我们确定本研究中顾客虚拟社区黏性倾向包括 5 个题项，如表 4－15 所示。

表 4－15　本研究中黏性倾向的测量题项

题项代码	测量题项
SI1	我计划将来继续使用该社区
SI2	如果有与社区讨论的产品或服务相关的需求的话，我会首先想到该社区
SI3	我打算延长待在该社区的时间
SI4	我会尽可能经常访问该社区
SI5	只要有时间，我就会访问该社区

9. 自我效能感的测量

关于自我效能感的测量存在两种不同的取向：一种是以 Schwarzer 和 Jerusalem（1995）为代表的“一般自我效能感”测量；另一种是以班杜拉为代表的“特定情境自我效能感”的测量。

Schwarzer 和 Jerusalem（1995）认为，存在不以情境为转移的一般自我效能感，并将一般自我效能感定义为：个体应付各种不同环境的挑战或面对新事物时的一种总体性的自信。在此基础上，Schwarzer 和 Jerusalem（1995）开发了一个包含有 10 个题项的一般自我效能感量表（GSES），如表 4-16 所示。但是，一些研究结果表明，用一般自我效能感量表测得的实际上是个体的自尊水平。

表 4-16　　一般自我效能感测量题项

作者	维度	测量题项
Schwarzer 和 Jerusalem（1995）	单维度	①如果我尽力去做的话，我总是能够解决问题的； ②即使别人反对我，我仍有办法取得我所要的； ③对我来说，坚持理想和达成目标是轻而易举的； ④我自信能有效地应付任何突如其来的事情； ⑤以我的才智，我定能应付意料之外的情况； ⑥如果我付出必要的努力，我一定能解决大多数的难题； ⑦我能冷静地面对困难，因为我信赖自己处理问题的能力； ⑧面对一个难题时，我通常能找到几种解决方法； ⑨有麻烦的时候，我通常能想到一些应付的方法； ⑩无论什么事在我身上发生，我通常都能应付自如

另一种自我效能感测量取向是以班杜拉为代表的特定情境自我效能感测量。班杜拉认为，自我效能感不是一个人的个性特质，而是同具体情境或领域相联系的，自我效能感会随着情境或任务的不同而变化。据此，班杜拉认为，对自我效能感的特定化测量优于整体测量。班杜拉提出自我效能感的 3 个维度：①幅度（magnitude），即选择的不同任务的难度水平；②强度（strength），即自我信心和效能的强弱程度；③普遍性（generality），即个体信心和效能感所能涉及的任务范围和广度。但是，班杜拉并没有开发相应的测量量表。后来的研究者依据班杜拉对自我效能感 3 个维度内涵的诠释，对开发多维度的自我效能感量表做出了初步的尝试。但是，国内学者魏源（2004）对大量的多维度自我效能感测量的相关文献进行研究后发现，为了包含上述 3 个维度而编制的自我效能感量表都缺乏可操作性。

借鉴已有的自我效能感相关研究，一些学者在互联网环境下提出了“一般互联网自我效能感”和“特殊互联网自我效能感”的概念。一般互联网自我效能感指的是个体对自己在各种互联网应用领域的能力的判断。与一般自我效能感一致，一般互联网自我效能感通常也将自我效能感看作个体对自己能力的一种稳定的信念。尽管互联网作为一种技术，在各种互联网应用领域中对使用者具有相似

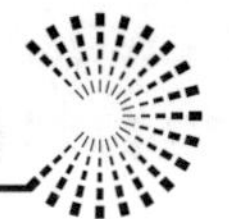

的技术准备要求。但是，不同的互联网应用领域对个体的自我效能感存在不同的要求。特殊互联网自我效能感指的是个体对自己在某一类或几类互联网应用领域的能力的判断。按照班杜拉的观点，针对各种具体互联网使用领域的特殊互联网自我效能感量表应该具有更好的测量能力。国内学者崔丽娟等（2008）在大学生互联网用户中开发了 BBS 使用特定情境的自我效能感量表，如表 4 - 17 所示。此外，国外学者 Hsu 等（2007）在实践型虚拟社区中开发了“知识分享自我效能感”量表，如表 4 - 18 所示。

表 4 - 17　　　　BBS 自我效能感测量题项

作者	维度	测量题项
崔丽娟等（2008）	单维度	①通过 IE 浏览器打开我想要登录的 BBS； ②在不同的分论坛间切换； ③在 BBS 上注册用户名； ④在 BBS 上为自己的 ID 设置头像和签名（在签名中附加图片）； ⑤通过输入用户名和密码进入论坛； ⑥通过保留 COOKIE 进入论坛； ⑦在 BBS 上浏览别人的帖子； ⑧在 BBS 上回复别人的帖子； ⑨在 BBS 上发新的帖子； ⑩在自己所发的帖子上附加图片； ⑪在自己所发的帖子中附加音乐文件； ⑫在自己所发帖子中设置 WORD、FLASH 等文件的链接； ⑬将 BBS 上的图片等文件保存在自己的电脑里； ⑭在 BBS 上查看其他用户的资料或给其他用户发短消息； ⑮在 BBS 上根据关键词、发帖人等信息搜索自己想要看的帖子

表 4-18　　知识分享自我效能感测量题项

作者	维度	测量题项
Hsu 等（2007）	单维度	为了在该虚拟社区中分享知识： ①你对将自己的经验、见解作为范例提供给他人的自信程度如何？ ②你对通过对话的方式将自己的经验、见解、专业观点提供给他人的自信程度如何？ ③你对通过社区讨论向他人表达自己的想法和观点的自信程度如何？ ④你对自己运用写作、口头和符号方式清楚表达自己的自信程度如何？ ⑤你对自己创作文章或将此发送到社区论坛或讨论区的信心如何？ ⑥你对自己回复或评价他人帖子的信心如何？ ⑦你对自己回答他人的问题或给予他人建议的信心如何？

本研究尝试在消费类虚拟社区中探查顾客的虚拟社区自我效能感对顾客虚拟社区公民行为的调节作用。因此，我们借鉴 Hsu 等（2007）和崔丽娟等（2008）的已有特殊互联网自我效能感量表，并结合消费类虚拟社区特定情境进行适当的删减与修改，形成本研究的自我效能感测量题项，共包括 4 个题项，如表 4-19 所示。

表 4-19　　本研究中自我效能感的测量题项

题项代码	测量题项
SE1	我对自己使用社区的能力有信心
SE2	我对自己使用社区工具编辑帖子、发帖的能力有信心
SE3	我对自己帮助其他社区成员的能力有信心
SE4	我对自己在社区讨论主题方面的知识、经验有信心

4.2.2　量表测试与修正

1. 问卷设计

在已有研究及消费者访谈的基础上，提取出影响顾客公民行为的 7 个前因，共 28 个测量题项，包括社区满意 3 题，社区信任 5 题，感知社区支持 4 题，互惠动机 6 题，声誉动机 3 题，兴趣动机 4 题，利他动机 3 题。顾客公民行为的结果变量黏性倾向 5 题。同时，提取出 1 个调节变量，自我效能感 4 题。此外，本章问卷设计及检验的方法同第 3 章。

为了保证问卷的表面效度和内容效度，本研究按照 Churchill（1979）的方法，对初始测量题项进行定性分析。首先，将国外学者对这些变量的测量题项翻译成中文，并由商贸英语专业的人员将这些测量题项再回译成英文题项，然后与原始英文题项进行对照检验，直到两者一致为止。其次，请有消费类虚拟社区访问经历的 3 位市场营销专业研究生分别对 37 个测量题项进行修改，确保题项没有表达不清楚或难以选择答案的情况。然后，让这 3 位研究生根据市场营销理论知识及实践经验将 37 个题项归纳到相应的测量变量下，确保这些题项可以符合理论维度的划分。最后，请市场营销研专业的 3 位老师分别就问卷各变量的定义及其题项进行讨论，并将收集的意见进行整合，然后再反馈给各位老师进行进一步的讨论。经过 3 次的反复，最终形成初始问卷。

本研究问卷采用 7 级 Likert 量表，1 代表“非常不同意”，7 代表“非常同意”，另外，问卷中还加入了消费者基本人口统计变量和消费类虚拟社区访问情况的相关问题，形成了本研究的预调研问卷。

2. 数据收集

由于预调研的主要目的是测试和修正问卷，因此样本的选择采取就近原则。主要从北京部分高校学生及一些企业职员中采集。预调研发放问卷 235 份，在回收的问卷中剔除漏答、错答、不认真做答的无效问卷，最后回收有效问卷 175 份，有效回收率为 74.5%，样本的具体情况见表 4-20。根据艾瑞咨询最新调研报告数据显示，本研究预调研样本基本符合中国虚拟社区用户实际情况，样本具有代表性。此外，根据 Parasuraman，Zeithaml 和 Berry（1988）的建议，在净化量表时样本量不低于 100 个，本样本满足这一要求，可以进行下一步的分析。

表 4-20　　预调研样本概况

描述指标		比例（%）	描述指标		比例（%）
性别	男	51.3	访问社区经历	很少	70.6
	女	48.7		经常	29.4

续 表

描述指标		比例（%）	描述指标		比例（%）
年龄	25 岁以下	44.9	访问社区频率	1 月不到 1 次	14.2
	25～35 岁	39.6		1 月 2～3 次	26.8
	35 岁以上	15.5		1 周不到 1 次	13.1
学历	本科以下	15.3		1 周 2～3 次	33.3
	本科	47.9		1 天 1 次	9.9
	研究生	36.8		1 天几次	2.7
职业	学生	73.2	停留社区时间	10 分钟	25.4
	工作	26.8		30 分钟	34.7
月收入	2000 元以下	80.1		1 小时	30.2
	2000～4999 元	16.6		2 小时	7.6
	5000 元以上	3.3		更长时间	2.1

3. 测量题项净化

本研究依据 Churchill（1979）的方法净化测量题项，具体操作步骤如下：

第一步，我们使用 SPSS 软件计算各测量题项的题总相关系数（Corrected item—total correlation，CITC）及各变量的 Cronbach's α 系数，计算结果见表 4－21。净化题项的标准是，凡 CITC 系数小于 0.50，均被视为垃圾题项予以删除。同时，在净化题项的前后都要计算 Cronbach's α 系数，用以准确评价删除垃圾题项后量表的一致性信度是否显著提高。

表 4－21　测量题项的 CITC 和信度分析

维度	题项代码	项目—总体相关系数	删除题项后的 α 系数	α 系数
社区满意	CS1	0.64	0.80	0.83
	CS2	0.75	0.69	
	CS3	0.66	0.78	

续 表

维度	题项代码	项目—总体相关系数	删除题项后的 α 系数	α 系数
社区信任	CT1	0.69	0.86	0.88
	CT2	0.69	0.86	
	CT3	0.75	0.85	
	CT4	0.72	0.85	
	CT5	0.74	0.85	
感知社区支持	PS1	0.74	0.82	0.86
	PS2	0.78	0.80	
	PS3	0.65	0.85	
	PS4	0.70	0.84	
互惠动机	RP1	0.67	0.57	0.64
	RP2	0.67	0.57	
	RP3	0.68	0.56	
	RP4	0.64	0.57	
	RP5	0.63	0.57	
	RP6	0.32	0.93	
声誉动机	RM1	0.75	0.92	0.90
	RM2	0.84	0.84	
	RM3	0.86	0.83	
兴趣动机	IM1	0.78	0.91	0.92
	IM2	0.86	0.88	
	IM3	0.83	0.89	
	IM4	0.81	0.90	
利他动机	AM1	0.72	0.90	0.89
	AM2	0.85	0.80	
	AM3	0.80	0.83	

续 表

维度	题项代码	项目—总体相关系数	删除题项后的α系数	α系数
黏性倾向	SI1	0.77	0.89	0.91
	SI2	0.78	0.88	
	SI2	0.78	0.88	
	SI4	0.77	0.89	
	SI5	0.71	0.90	
自我效能感	SE1	0.33	0.82	0.76
	SE2	0.65	0.66	
	SE3	0.74	0.61	
	SE4	0.58	0.70	

从表 4-21 结果可知，问卷中各测量变量的α系数都高于 0.60，说明各测量变量具有较强的可靠性。在各变量的测量题项中，除互惠动机第 6 题（RP6）的 CITC 系数为 0.32 及自我效能感第 1 题（SE1）的 CITC 系数为 0.33 低于 0.50 的标准外，其他测量题项的 CITC 系数均显著高于 0.50。在删除 RP6 和 SE1 题项后，互惠动机的α系数由原来的 0.64 提高到 0.93，自我效能感的α系数由原来的 0.76 提高到 0.82。因此，对于上述 CITC 系数低于 0.50 的题项均予以删除。

第二步，我们将第一步删除题项后剩余的 35 个测量题项采用探索性因子分析法（Exploratory Factor Analysis，EFA），检验问卷的结构效度。即运用主成分分析，进行方差最大化正交旋转，根据因子载荷和累积方差解释率来评价题项是否保留。具体结果见表 4-22。

表 4-22　　预调研探索性因子分析

维度	题项	因子								
		1	2	3	4	5	6	7	8	9
社区满意	CS1		0.75							
	CS2		0.81							
	CS3		0.78							

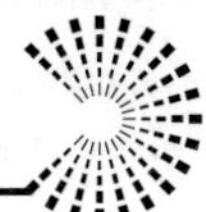

续 表

维度	题项	因子								
		1	2	3	4	5	6	7	8	9
社区信任	CT1									0.80
	CT2									0.57
	CT3		0.48		0.48					0.48
	CT4									0.52
	CT5									0.55
感知社区支持	PS1				0.78					
	PS2				0.83					
	PS3				0.79					
	PS4				0.71					
互惠动机	RP1			0.77						
	RP2			0.80						
	RP3			0.80						
	RP4			0.71						
	RP5			0.69						
声誉动机	RM1							0.80		
	RM2							0.79		
	RM3							0.79		
兴趣动机	IM1					0.77				
	IM2					0.78				
	IM3					0.79				
	IM4					0.76				
利他动机	AM1						0.74			
	AM2						0.80			
	AM3						0.76			

续 表

维度	题项	因子								
		1	2	3	4	5	6	7	8	9
黏性倾向	SI1	0.76								
	SI2	0.79								
	SI3	0.82								
	SI4	0.81								
	SI5	0.74								
自我效能感	SE2								0.75	
	SE3								0.85	
	SE4								0.75	

从表 4 - 22 结果可知，顾客公民行为影响因素及结果变量问卷的 KMO 值为 0.90，远大于 0.50 的标准，说明样本的数据适合做探索性因子分析。旋转后共提取出 9 个特征值大于 1 的因子，累计解释方差变动为 78.85%。除社区信任变量 CT3 题项的载荷系数为 0.48，小于 0.50 的最低标准。且 CT3 题项在社区满意和感知社区支持两个变量出现跨因子载荷现象，其他测量题项的载荷系数均在 0.52～0.85，且均没有出现跨因子载荷现象，因此，对社区信任变量的 CT3 题项予以删除。保留其他 34 个测量题项。

4.2.3 正式调研与量表检验

1. 正式调研问卷设计

本研究经过预调研删除个别题项，并加入问卷指导语、消费者虚拟社区经历及人口统计等问题，形成了最终的正式调研问卷，具体见附录 B。问卷开头为指导语，简单描述被调查者填写问卷的具体要求；接下来是消费者访问虚拟社区情况调查，包括访问时间、频次、访问社区类型等；随后是顾客公民行为各维度的测量题项，包括拥护（A）4 个题项、反馈（F）10 个题项、宽容（T）5 个题项、监督（P）4 个题项、求助回应（R）7 个题项、分享（SH）9 个题项、支持（S）5 个题项。接下来是影响顾客公民行为的影响因素，包括社区满意（CS）3 题、社区信任（CT）4 题、感知社区支持（PS）4 题、互惠动机（RP）4 题、声誉动机（RM）3 题、兴趣动机（IM）4 题、利他动机（AM）3 题。同时，提取

出 1 个调节变量，自我效能感（SE）3 题。最后是顾客公民行为的结果变量黏性倾向（SI）5 题。所有的题项均采用 7 级 Likert 量表；最后是性别、年龄、学历、职业和月收入 5 个人口统计变量的题项。

2. 数据收集

数据收集通过 OQSS 在线调研系统进行，时间从 2012 年 12 月 10 日至 2012 年 12 月 30 日，为期 20 天，共回收问卷 552 份，剔除没有消费类虚拟社区访问经历的样本，以及由于漏答、不认真做答等原因产生的无效问卷，最终回收有效问卷 404 份，有效回收率为 73.2%。有效样本的具体情况见表 4－23。根据艾瑞咨询最新调研报告数据，表 4－23 所显示的各人口统计变量分布基本符合目前我国虚拟社区用户实际情况，表明该样本具有代表性。

表 4－23　　　　样本基本情况

描述指标		比例（%）	描述指标		比例（%）
性别	男	61.9	访问社区经历	很少	65.6
	女	38.1		经常	34.4
年龄	25 岁以下	54.2	访问社区频率	1 月不到 1 次	22.5
	25～35 岁	33.9		1 月 2～3 次	33.7
	35 岁以上	11.9		1 周不到 1 次	13.6
学历	本科以下	27.3		1 周 2～3 次	14.6
	本科	62.4		1 天 1 次	10.2
	研究生	10.3		1 天几次	5.4
职业	学生	40.6	停留社区时间	10 分钟	23.8
	工作	59.4		30 分钟	40.1
月收入	2000 元以下	43.1		1 小时	25.2
	2000～4999 元	38.6		2 小时	7.9
	5000 元以上	18.3		更长时间	3.0

3. 内部一致性信度分析

内部一致性信度用来评价概念的某一特定维度的各个测量题项之间的同质性，通常利用 Cronbach's α 系数和组合信度两个指标来进行评价。本研究利用 SPSS 统计软件分析得到的量表内部一致性信度分析结果如表 4－24 所示。

表 4－24　内部一致性信度分析

维度	题项代码	均值	标准差	项目—总体相关系数	删除题项后的 α 系数	α 系数	组合信度
社区满意	CS1	5.06	1.28	0.72	0.87	0.88	0.87
	CS2	5.21	1.30	0.81	0.79		
	CS3	5.02	1.27	0.76	0.83		
社区信任	CT1	5.12	1.21	0.68	0.76	0.88	0.84
	CT2	4.89	1.36	0.71	0.73		
	CT4	4.73	1.32	0.74	0.84		
	CT5	5.00	1.30	0.78	0.82		
感知社区支持	PS1	4.51	1.34	0.76	0.85	0.89	0.88
	PS2	4.55	1.37	0.80	0.84		
	PS3	4.83	1.31	0.74	0.86		
	PS4	4.76	1.40	0.72	0.87		
互惠动机	RP1	4.68	1.38	0.83	0.91	0.93	0.90
	RP2	4.74	1.40	0.84	0.91		
	RP3	4.68	1.42	0.86	0.91		
	RP4	4.81	1.36	0.81	0.92		
声誉动机	RM1	4.25	1.45	0.82	0.93	0.93	0.91
	RM2	4.23	1.47	0.87	0.89		
	RM3	4.29	1.42	0.89	0.88		
兴趣动机	IM1	4.48	1.58	0.78	0.90	0.91	0.91
	IM2	4.42	1.60	0.85	0.88		
	IM3	4.48	1.52	0.82	0.89		
	IM4	4.20	1.58	0.78	0.90		
利他动机	AM1	4.95	1.39	0.74	0.90	0.90	0.86
	AM2	4.79	1.44	0.84	0.82		
	AM3	4.88	1.44	0.82	0.84		

续 表

维度	题项代码	均值	标准差	项目—总体相关系数	删除题项后的α系数	α系数	组合信度
黏性倾向	SI1	4.98	1.26	0.75	0.88	0.90	0.83
	SI2	4.89	1.29	0.73	0.88		
	SI3	4.74	1.34	0.81	0.87		
	SI4	4.74	1.33	0.79	0.87		
	SI5	4.61	1.46	0.70	0.89		
自我效能感	SE2	4.30	1.33	0.65	0.76	0.81	0.79
	SE3	4.12	1.36	0.70	0.71		
	SE4	4.11	1.49	0.65	0.76		

根据表 4－24 显示的结果，虚拟社区顾客公民行为各影响因素变量及结果变量测量题项的均值在 4.00～5.30，标准差在 1.20～1.60，标准差超过 0.50 的最低要求。各测量题项的项目—总体相关系数（CITC）在 0.63～0.89，均高于 0.50 的最低标准。各影响因素变量及结果变量的 α 系数在 0.81～0.93，均超过 0.70 的最低可接受水平。此外，组合信度分析的结果显示，各前因变量及调节变量的组合信度在 0.79～0.91，超过 Ruekert 等人（1984）建议的 0.70 的最低标准。上述数据表明，本研究中虚拟社区顾客公民行为前因变量及调节变量问卷具有良好的内部一致性信度。

4. 探索性因子分析

本书采用常用的因子分析方法对虚拟社区顾客公民行为影响因素及结果问卷的效度进行初步检验，如果每一个变量的测量题项都只生成一个因子，就可以认定该变量具有单维性。同样，对所有变量进行探索性因子分析，如果各变量的测量题项都负荷到相应的变量上，并且没有交叉负荷现象，就可以认定各变量间具有较好的区别效度。结果如表 4－25 所示。

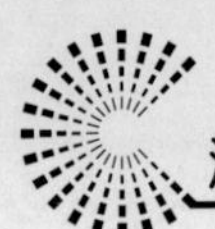

表 4-25　　　量表单维性和探索性因子分析

维度	题项	单维性检验		因子								
		解释率（%）	KMO	1	2	3	4	5	6	7	8	9
社区满意	CS1	80.94	0.72				0.82					
	CS2						0.86					
	CS3						0.81					
社区信任	CT1	75.56	0.71									0.60
	CT2											0.63
	CT4											0.71
	CT5											0.71
感知社区支持	PS1	75.36	0.82			0.78						
	PS2					0.84						
	PS3					0.76						
	PS4					0.75						
互惠动机	RP1	79.22	0.88	0.76								
	RP2			0.77								
	RP3			0.80								
	RP4			0.77								
	RP5			0.72								
声誉动机	RM1	88.47	0.75						0.83			
	RM2								0.81			
	RM3								0.80			
兴趣动机	IM1	80.27	0.84					0.78				
	IM2							0.79				
	IM3							0.76				
	IM4							0.78				
利他动机	AM1	83.40	0.73							0.77		
	AM2									0.81		
	AM3									0.76		

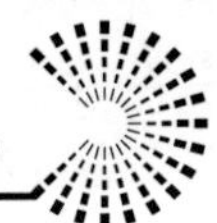

续 表

维度	题项	单维性检验		因子								
		解释率（%）	KMO	1	2	3	4	5	6	7	8	9
黏性倾向	SI1	72.56	0.84		0.77							
	SI2				0.74							
	SI3				0.82							
	SI4				0.80							
	SI5				0.74							
自我效能感	SE2	73.41	0.71								0.76	
	SE3										0.83	
	SE4										0.77	

如表 4－25 所示，顾客公民行为各影响因素变量及结果变量的 KMO 值在 0.71～0.88，远超过 0.50 的最低标准，且变量的每个测量题项都聚合到原来划定的相应维度上，其因子解释率在 72.56%～88.47%，均超过 60%的最低标准，表明各前因变量及调节变量具有较好的单维性。在将顾客公民行为的各前因变量及调节变量一同纳入到探索性因子分析后，得到 KMO 值为 0.93，远大于 0.50 的最低标准。正交旋转共提取 9 个特征值大于 1 的因子，累计解释率为 80.75%。探索性因子分析结果表明，本研究中的顾客公民行为影响因素及结果变量问卷具有较好的区别效度，可以采用验证性因子分析来进一步检验该问卷的收敛效度和区别效度。

5. 收敛效度和区别效度分析

本研究采用极大似然估计，对虚拟社区顾客公民行为前因变量及调节变量问卷进行验证性因子分析，进一步检验该问卷的收敛效度和区别效度。为了提高验证性因子分析参数估计的稳定性，本研究采用 Jöreskog 和 Sörbom（1993）的方法把顾客公民行为各前因变量及调节变量的题项进行合并，如表 4－26 所示。

表 4 - 26　　各维度合并题项结果

合并项代码	原题项代码	均值	标准差	子指标代码	原题项	均值	标准差
SCS1	CS1	5.06	1.28	SCS2	CS2，CS3	5.12	1.21
SCT1	CT1，CT2	5.00	1.17	SCT2	CT4，CT5	4.87	1.22
SPS1	PS1，PS2	4.53	1.27	SPS2	PS3，PS4	4.80	1.23
SRP1	RP1，RP2，RP3	4.70	1.31	SRP2	RP4，RP5	4.79	1.26
SRM1	RM1	4.25	1.45	SRM2	RM2，RM3	4.26	1.40
SIM1	IM1，IM2	4.26	1.40	SIM2	IM3，IM4	4.34	1.45
SAM1	AM1	4.95	1.39	SAM2	AM2，AM3	4.84	1.37
SSI1	SI1，SI2	4.93	1.21	SSI2	SI3，SI4，SI5	4.70	1.24
SSE1	SE2	4.30	1.33	SSE2	SE3，SE4	4.11	1.28

从表 4 - 26 结果可知，合并题项的变量其子指标的均值在 4.11～5.12，标准差在 1.17～1.45，标准差超过 0.50 的最低标准。

然后，我们使用 LISREL8.7 软件，进行验证性因子分析。采用极大似然估计，对各变量的测量量表进行验证性因子分析，进一步检验问卷的收敛效度和区别效度。

验证性因子分析结果表明，该量表测量模型的卡方值（χ^2）为 272.42，自由度（df）为 125，卡方与自由度的比值（χ^2/ df）为 2.17，在 2～5；RMSEA 值为 0.05，小于 0.08；RMR 值为 0.04，小于 0.06。模型的五项拟合参数 GFI、AGFI、NFI、CFI、IFI 分别为 0.93、0.95、0.97、0.97、0.98，均大于 Bentler（1992）提出的 0.90 的标准。以上结果证明，本研究设计的测量量表与数据有较好的拟合度，可以进行下一步的检验。

对于测量量表的收敛效度检验，本研究借鉴 Barclay 等人（1995）的研究方法采用标准化因子负荷和平均方差提取量（AVE）两个指标。如表 4 - 27 所示，合并后顾客公民行为各影响因素及结果变量的测量题项的标准化因子负荷指数在 0.80～0.97，均高于 0.70，且显著性都达到了极其显著的水平。同时，各潜变量的 AVE 在 0.65～0.84，均超出 0.50 的临界值。以上结果表明，本研究的顾客公民行为影响因素及结果变量量表具有较好的收敛效度。

表 4-27 收敛效度分析结果

潜变量	测量变量	标准化因子负荷	T 值	SMC	标准化误差项	AVE
社区满意（CS）	SCS1	0.80	18.43***	0.65	0.58	0.77
	SCS2	0.91	21.61***	0.82	0.26	
社区信任（CT）	SCT1	0.86	20.85***	0.74	0.35	0.73
	SCT2	0.85	20.38***	0.72	0.42	
感知社区支持（PS）	SPS1	0.87	20.59***	0.75	0.40	0.78
	SPS2	0.90	21.76***	0.81	0.20	
互惠动机（RP）	SRP1	0.92	23.03***	0.84	0.27	0.81
	SRP2	0.88	21.64***	0.78	0.36	
声誉动机（RM）	SRM1	0.85	20.09***	0.72	0.59	0.83
	SRM2	0.97	24.62***	0.95	0.10	
兴趣动机（IM）	SIM1	0.90	22.12***	0.81	0.43	0.84
	SIM2	0.93	23.17***	0.86	0.30	
利他动机（AM）	SAM1	0.81	18.34***	0.65	0.68	0.75
	SAM2	0.92	21.88***	0.85	0.28	
黏性倾向（SI）	SSI1	0.84	19.73***	0.71	0.43	0.71
	SSI2	0.84	19.79***	0.71	0.44	
自我效能感（SE）	SSE1	0.81	16.52***	0.65	0.61	0.65
	SSE2	0.80	16.42***	0.65	0.58	

注：***表示显著水平为0.001。

随后，本研究采用 Fornell 和 Larcker（1981）推荐的方法检验测量量表的区别效度。具体做法是考察某一特定变量与其他变量之间的差异程度。如表 4-28 所示，顾客公民行为各影响因素及结果变量间相关系数的绝对值在 0.23～0.71，而各变量 AVE 值的平方根在 0.81～0.92，均大于与其他维度之间相关系数的绝对值。以上结果表明，本研究的顾客公民行为影响因素及结果变量量表具有较好的区别效度。

表 4-28　　区别效度分析结果

潜变量	CS	CT	PS	RP	RM	IM	AM	SI	SE
CS	0.88								
CT	0.65	0.85							
PS	0.60	0.70	0.88						
RP	0.39	0.48	0.47	0.90					
RM	0.25	0.32	0.33	0.66	0.91				
IM	0.23	0.32	0.37	0.66	0.66	0.92			
AM	0.36	0.44	0.39	0.71	0.51	0.53	0.87		
SI	0.43	0.50	0.45	0.58	0.43	0.54	0.53	0.84	
SE	0.25	0.33	0.38	0.48	0.46	0.50	0.52	0.49	0.81

最后，综合上述量表检验结果，表明该调研数据可以用于本研究理论模型的检验。

4.3 假设检验

4.3.1 主模型检验

1. 相关分析

在利用结构方程对模型进行检验之前，我们按照研究假设检验各变量之间的相关性。如果假设中的两个变量具有较高的相关性，并且相关系数达到显著水平，我们可以认定该变量可以进入下一步的统计分析。表 4-29 给出了假设中各变量间的相关系数和显著性指标。

表 4-29　　基于相关分析的假设检验

研究假设	相关变量	相关系数	T值
H1a	SCS→CCBO	0.64	12.06**
H1b	SCT→CCBO	0.13	1.75

续 表

研究假设	相关变量	相关系数	T值
H1c	SPS→CCBO	0.55	16.39**
H2a	SRP→CCBI	0.66	17.70***
H2b	SRM→CCBI	0.35	3.35***
H2c	SIM→CCBI	0.55	16.28***
H2d	SAM→CCBI	0.57	19.13***
H3a	CCBO→SSI	0.68	13.57***
H3b	CCBI→SSI	0.62	14.64***

注：***在0.001水平显著相关。

从表4-29结果可知，除了假设H1b，其余假设中两个变量间的相关性都较高，并达到极其显著的统计水平，假设得到了初步的验证。尽管得出上述结论，但由于相关分析只能证明两个变量间具有显著的相关关系，并不意味着同时检验多个变量时，它们之间的关系仍然显著。因此，需采用验证性因子分析进一步对研究假设进行检验。

2. 结构方程模型分析

结构方程模型是一种建立、估计和检验因果关系模型的方法。模型中既包含有可观测的显变量，也可能包含无法直接观测的潜变量。利用结构方程分析我们不仅能同时处理多个因变量，也可比较及评价不同的理论模型。因此它已经被广泛应用于市场营销研究之中。在对研究假设进行验证之前，我们首先把理论模型转化为结构方程模型的表达形式，具体见图4-2。

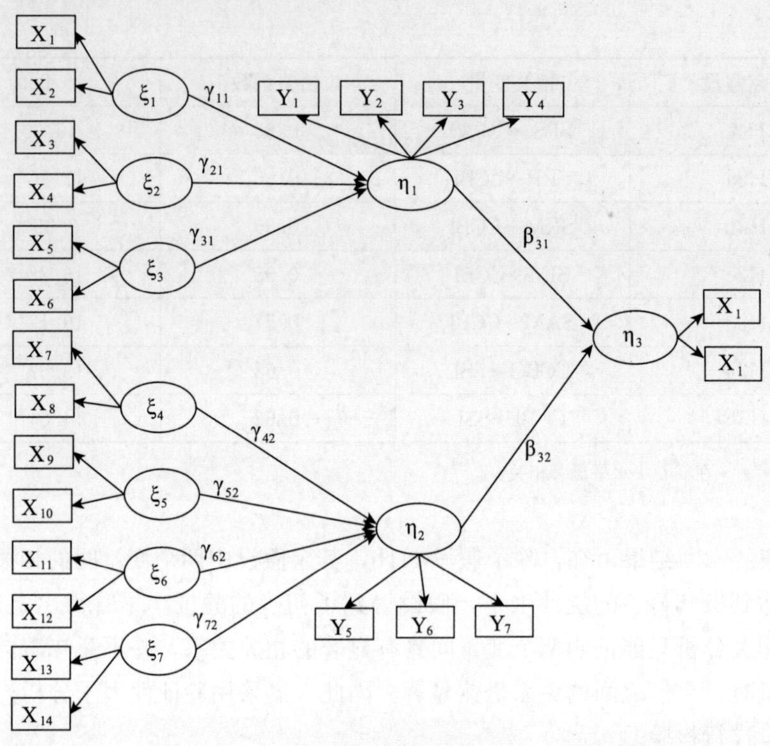

图 4-2　结构方程模型

从图 4-2 可知，本研究理论模型包括 10 个变量：其中社区满意（ξ_1）、社区信任（ξ_2）、感知社区支持（ξ_3）、互惠动机（ξ_4）、声誉动机（ξ_5）、兴趣动机（ξ_6）和利他动机（ξ_7）是模型的外生潜变量，而 CCBO（η_1）、CCBI（η_2）和黏性倾向（η_3）是模型的内生潜变量；同时，本研究主模型包含 9 个假设：γ_{11}表示假设 H1a，γ_{21}表示假设 H1b，γ_{31}表示假设 H1c，γ_{42}表示假设 H2a，γ_{52}表示假设 H2b，γ_{62}表示假设 H2c，γ_{72}表示假设 H2d，β_{31}表示假设 H3a，β_{32}表示假设 H3b。

(1) 结构方程模型评价。为了使数据符合结构方程模型分析要求，我们首先利用 LISREL8.7 对数据进行标准化正态处理，然后再进行结构方程模型分析，具体结果见图 4-3。

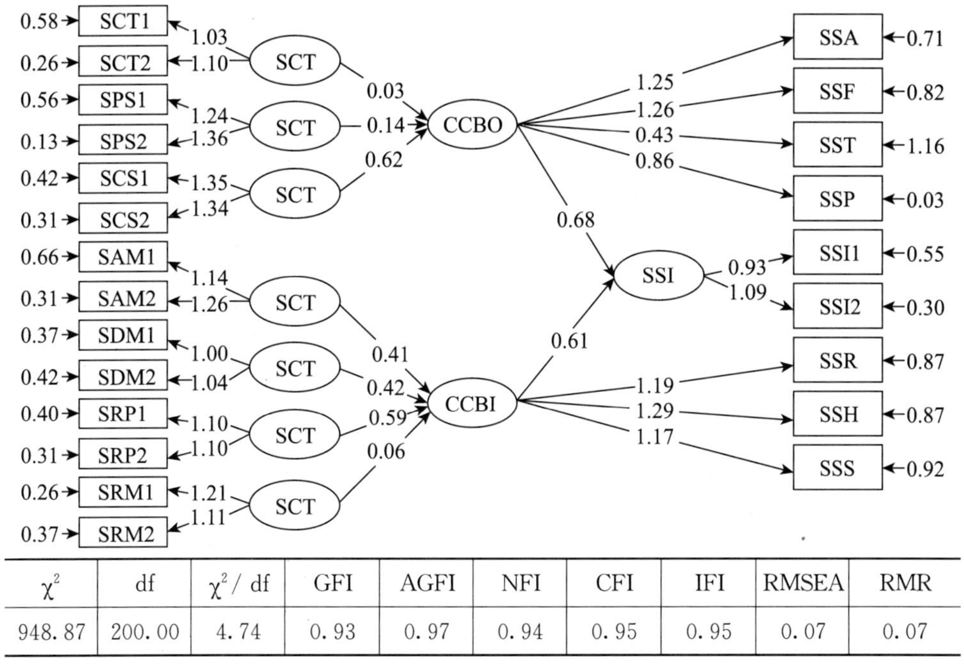

χ^2	df	χ^2/ df	GFI	AGFI	NFI	CFI	IFI	RMSEA	RMR
948.87	200.00	4.74	0.93	0.97	0.94	0.95	0.95	0.07	0.07

图 4-3　结构方程分析结果

从图 4-3 结果可知，变量测量模型的卡方值（χ^2）为 948.87，自由度（df）为 200.00，卡方与自由度的比值（χ^2/ df）为 4.74，在 2～5，符合 Carmines 和 Mciver（1981）提出的标准。RMSEA 值为 0.07，小于 0.08，符合 Byrne（1998）提出的标准；RMR 值为 0.07，小于 0.08，符合 Reisinger 和 Turner（1999）提出的标准。模型的五项拟合参数 GFI、AGFI、NFI、CFI、IFI 分别为 0.93、0.97、0.94、0.95、0.95，均大于 0.90，符合 Bentler（1992）提出的标准。根据结构方程分析结果与数据拟合情况，可以论定本研究的理论模型合理，可以进行假设检验。

（2）研究假设检验。接下来，我们将根据路径系数的显著性对假设进行检验，具体结果见表 4-30。

表 4-30　　研究假设检验结果

假设	关系	关系表达	参数	路径系数	T 值	假设检验
H1a	SCS→CCBO	$\xi_1 \to \eta_1$	γ_{11}	0.52	7.47***	成立
H1b	SCT→CCBO	$\xi_2 \to \eta_1$	γ_{21}	0.03	0.52	不成立

续 表

假设	关系	关系表达	参数	路径系数	T 值	假设检验
H1c	SPS→CCBO	$\xi_3 \to \eta_1$	γ_{31}	0.14	2.09*	成立
H2a	SRP→CCBI	$\xi_4 \to \eta_2$	γ_{42}	0.59	5.83***	成立
H2b	SRM→CCBI	$\xi_5 \to \eta_2$	γ_{52}	0.06	0.76	不成立
H2c	SIM→CCBI	$\xi_6 \to \eta_2$	γ_{62}	0.42	4.17***	成立
H2d	SAM→CCBI	$\xi_7 \to \eta_2$	γ_{72}	0.41	4.96***	成立
H3a	CCBO→SSI	$\eta_1 \to \eta_3$	β_{31}	0.58	8.86***	成立
H3b	CCBI→SSI	$\eta_2 \to \eta_3$	β_{32}	0.51	6.61***	成立

注：*0.05 水平显著；**0.01 水平显著；***0.001 水平显著。

从表 4-30 结果可知，除了 H1b 和 H2b 两个假设不成立外，本研究理论模型中的其他假设均得到了支持。其中，影响 CCBO 的三个前因中，社区满意的影响作用最强，路径系数为 0.52，感知社区支持的影响次之，路径系数为 0.14，而社区信任的影响作用不显著。同样，影响 CCBI 的四个前因中，互惠动机的影响作用最强，路径系数为 0.59，兴趣动机和利他动机其次，路径系数分别为 0.42 和 0.41，而声誉动机的影响作用不显著。同时，CCBO 和 CCBI 对黏性倾向均具有重要的影响作用，路径系数分别为 0.58 和 0.51。上述数据表明，社区满意与感知社区支持是 CCBO 形成的重要前提，而互惠动机、兴趣动机和利他动机是 CCBI 形成的重要前提。同时，CCBO 和 CCBI 是黏性倾向形成的重要前提。

4.3.2 调节变量检验

本书采用 Baron 和 Kenny（1986）的方法，检验自我效能感（SE）对社区满意（CS）、社区信任（CT）及感知社区支持（PS）与 CCBO 之间关系的调节作用。同样，检验自我效能感（SE）对互惠动机（RP）、声誉动机（RM）、兴趣动机（IM）及利他动机（AM）与 CCBI 之间关系的调节作用。

1. 自我效能感对 CCBO 的调节作用检验

自我效能感对 CCBO 的调节作用具体按以下四步进行检验。第一步，对自变量社区满意、社区信任、感知社区支持和调节变量自我效能感进行标准化正态处理，以减少回归方程中变量间的多重共线性问题；第二步，将标准化正态处理后的三个自变量与调节变量相乘，构造后乘积项分别用 CS×SE、CT×SE、PS×

SE 表示；第三步，将自变量社区满意、社区信任、感知社区支持及调节变量自我效能感放入回归方程，检验其对因变量 CCBO 的影响；第四步，将自变量社区满意、社区信任和感知社区支持和调节变量自我效能感，分别与乘积项 CS×SE、CT×SE、PS×SE 依次放入回归方程中，检验其对因变量的影响，当回归结果显著，且 R^2 显著提升时，说明自我效能感起到调节作用，具体结果见表 4-31。

表 4-31　　调节变量检验结果

自变量	原始	H4a	H4b	H4c
CS	0.38***	0.38***	0.39***	0.37***
CT	0.04	0.07	0.01	0.02
PS	0.17**	0.16**	0.16**	0.19**
SE	0.06	0.05	0.06	0.02
CS×SE	—	0.35***	—	—
CT×SE	—	—	0.07	—
PS×SE	—	—	—	0.24***
R^2	0.34***	0.49***	0.38***	0.45***
ΔR^2	—	0.15	0.04	0.11
假设检验结果	—	成立	不成立	成立

注：*0.05 水平显著；**0.01 水平显著；***0.001 水平显著。

从表 4-31 结果可知，自我效能感显著的调节着社区满意（H4a）和感知社区支持（H4c）对 CCBO 的影响作用。β 值分别是 0.35 和 0.24，都达到了显著的水平，并且自我效能感被解释的不一致（R^2）水平显著提升，ΔR^2 分别为 0.15 和 0.11。同时，自我效能感对社区信任与 CCBO 之间关系的调节作用不显著。上述结果表明，自我效能感分别显著地正向调节社区满意、感知社区支持与 CCBO 之间的关系，H4a 和 H4c 的假设成立，而 H4b 的假设不成立。

2. 自我效能感对 CCBI 的调节作用检验

自我效能感对 CCBI 的调节作用检验方法同上。第一步，对自变量互惠动机、声誉动机、兴趣动机、利他动机和调节变量自我效能感进行标准化正态处理，以减少回归方程中变量间的多重共线性问题；第二步，将标准化正态处理后的四个自变量与调节变量相乘，构造后乘积项分别用 RP×SE、RM×SE、IM×SE、AM×SE 表示；第三步，将自变量互惠动机、声誉动机、兴趣动机、利他动机及调节变量自我效能感放入回归方程，分别检验其对因变量 CCBI 的影响；第四步，将自变量互惠动机、声誉动机、兴趣动机、利他动机，调节变量自我效能感，分别与乘积项 RP×SE、RM×SE、IM×SE、AM×SE 依次放入回归方程中，检验其对因变量的影响，当回归结果显著，且 R^2 显著提升时，说明自我效能感起到调节作用，具体结果见表 4-32。

表 4-32　调节变量检验结果

自变量	原始	H5a	H5b	H5c	H5d
RP	0.29***	0.28***	0.28***	0.28***	0.28***
RM	0.08	0.08	−0.14***	0.07	0.07
IM	0.26***	0.26***	0.26***	0.25***	0.27***
AM	0.14***	0.13***	0.15***	0.15***	0.14***
SE	0.04	0.08	0.09	0.05	0.04
RP×SE	—	0.26***	—	—	—
RM×SE	—	—	0.19***	—	—
IM×SE	—	—	—	0.23***	—
AM×SE	—	—	—	—	0.14***
R^2	0.25***	0.37***	0.35***	0.35***	0.35***
ΔR^2	—	0.12	0.10	0.10	0.10
假设检验结果	—	成立	不成立	成立	成立

注：*0.05 水平显著；**0.01 水平显著；***0.001 水平显著。

从表 4-32 结果可知，自我效能感显著的调节着互惠动机（H5a）、声誉动机（H5b）、兴趣动机（H5c）和利他动机（H5d）对 CCBI 的影响作用。β值分别是 0.26、0.19、0.23 和 0.14，都达到了显著的水平，并且自我效能感被解释的不一致（R^2）水平显著提升，ΔR^2 分别为 0.12、0.10、0.10 和 0.10。其中，H5a、H5c 和 H5d 假设的 β 值为正，表明自我效能感分别显著地正向调节互惠动机、兴趣动机和利他动机与 CCBI 之间的关系，H5a、H5c 和 H5d 的假设成立；而假设 H5b 的 β 值虽然显著，且 ΔR^2 显著提升，但 β 值为负，表明自我效能感显著的负向调节声誉动机与 CCBI 之间的关系，这一结果与原假设相反，因此 H5b 的假设不成立。

4.4 本章小结

综上，本章可以得出以下研究结论：

1. 有关前因变量的研究结论

社区满意和感知社区支持对 CCBO 具有正向影响，H1a、H1c 成立；社区信任对 CCBO 没有显著影响，H1b 不成立。声誉动机对 CCBI 的影响不显著，H2b 不成立；互惠动机、兴趣动机和利他动机都对 CCBI 具有正向显著影响，H2a、H2c、H2d 成立。

2. 顾客公民行为与黏性倾向之间关系的研究结论

两类不同指向的顾客公民行为 CCBO 和 CCBI 对顾客的虚拟社区黏性倾向均有显著影响，H3a 和 H3b 成立。

3. 有关调节变量的研究结论

自我效能感对两类顾客公民行为与前因变量之间关系的调节作用的数据分析结果显示，自我效能感显著调节社区满意和感知社区支持对 CCBO 的影响作用，H4a 和 H4c 成立；自我效能感对社区信任与 CCBO 之间关系的调节作用不显著，H4b 不成立。自我效能感显著调节互惠动机、声誉动机、兴趣动机和利他动机对 CCBI 的影响作用，但是，H5a、H5c 和 H5d 的 β 值为正，表明自我效能感分别显著地正向调节互惠动机、兴趣动机和利他动机与 CCBI 之间的关系，因此，H5a、H5c 和 H5d 成立；而 H5b 的 β 值虽然显著，且 ΔR^2 显著提升，但 β 值为负，表明自我效能感显著的负向调节声誉动机与 CCBI 之间的关系，这一结果与原假设相反，因此 H5b 不成立。

5 结论与展望

本章我们首先对本书第 3 章和第 4 章的数据分析结果和研究结论进行讨论，并进一步提出本研究的创新点；然后阐明本研究的理论和现实意义；最后对本研究的研究局限进行分析，并在此基础上提出未来研究的方向和建议。

5.1 主要结论与创新点

本研究的研究任务是以消费类虚拟社区为研究背景，主要研究工作包括：①界定虚拟社区顾客公民行为的概念并开发相应测量量表；②探查虚拟社区顾客公民行为的前因；③探查虚拟社区顾客公民行为与其前因之间可能的调节因素；④检验虚拟社区顾客公民行为对顾客社区黏性倾向的影响。通过文献回顾、理论模型构建与实证检验，我们最终完成了本研究的研究任务。下面我们将对本研究得出的主要研究结论进行详细的讨论。

5.1.1 结论与创新点一

本研究的第一个创新点是，将组织公民行为的“多焦点研究方法”引入顾客公民行为研究领域，在消费类虚拟社区研究情境下将顾客公民行为区分为两类 CCBO 和 CCBI，并开发了包含 3 个层次 7 个维度的虚拟社区顾客公民行为测量量表。相关研究结论如下所述。

首先在现有文献和消费者定性访谈的基础上，在消费类虚拟社区研究情境下，界定了虚拟社区顾客公民行为的概念，即虚拟社区顾客公民行为指的是虚拟社区成员主动自愿做出的对虚拟社区有益的行为。然后，借鉴组织公民行为研究的“多焦点研究方法”，按照指向和直接受益对象的不同，将虚拟社区顾客公民行为划分为两类：CCBO 和 CCBI，分别代表“顾客做出的指向虚拟社区并对虚拟社区直接有益的行为”和“顾客做出的指向社区其他顾客，对其他顾客直接有益并间接对虚拟社区有益的行为”。在此基础上，以现有文献中的顾客公民行为

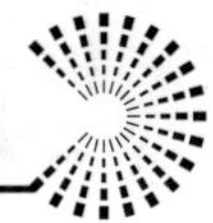

维度划分为基础，结合消费者定性访谈的结果，进一步识别出虚拟社区顾客公民行为的7个维度，其中，CCBO包括4个维度，分别是拥护、反馈、宽容和监督；CCBI包括3个维度，分别是求助回应、分享和支持。运用来自具有消费类虚拟社区访问经历的消费者调研数据，我们对包含上述7个维度的虚拟社区顾客公民行为测量量表进行了实证检验。

实证结果显示，在信度方面，CCBO包括4个维度：其中，拥护包括4个题项，Cronbach's α 系数为0.94，组合信度为0.75；反馈包括10个题项，Cronbach's α 系数为0.96，组合信度为0.92；宽容包括5个题项，Cronbach's α 系数为0.88，组合信度为0.89；监督包括4个题项，Cronbach's α 系数为0.88，组合信度为0.83。CCBI包括3个维度：其中，求助回应包括7个题项，Cronbach's α 系数为0.89，组合信度为0.88；分享包括9个题项，Cronbach's α 系数为0.96，组合信度为0.90；支持包括5个题项，Cronbach's α 系数为0.92，组合信度为0.81。顾客公民行为各个维度的Cronbach's α 系数均高于标准的0.70，组合信度也均大于标准的0.70。在效度方面，本研究开发的虚拟社区顾客公民行为测量量表也通过了相关检验。收敛效度上，合并后顾客公民行为各维度的测量变量的标准化因子负荷指数在0.88～0.98，均高于0.70，且显著性都达到了极其显著的水平；同时，各潜变量的AVE在0.55～0.83，均超出0.50的临界值，表明本研究的顾客公民行为量表具有较好的收敛效度。区别效度上，顾客公民行为各维度AVE值的平方根在0.74～0.91；而各维度间相关系数的绝对值在0.21～0.78，均大于与其他维度之间相关系数的绝对值，表明本研究的顾客公民行为量表具有较好的区别效度。二阶验证性因子分析结果表明，顾客公民行为的二阶因子模型各项拟合度指标均达到标准，二阶因子与其对应的一阶因子的标准化路径系数在0.71～0.92，均大于0.70的最低标准，表明拥护、反馈、宽容和监督是顾客公民行为CCBO二阶因子的子因子，而求助回应、分享和支持是顾客公民行为CCBI二阶因子的子因子，即本研究理论假设的7个维度能很好地收敛于CCBO和CCBI这两个更高层面的概念。综上所述，本研究在消费类虚拟社区情境下开发的顾客公民行为测量量表具有良好的信度和效度。

5.1.2 结论与创新点二

本研究的第二个创新点是：在消费类虚拟社区研究情境下，发现CCBO和CCBI具有不同的前因，并分别构建了关系质量变量影响CCBO和个体动机变量影响CCBI的前因模型。相关研究结论如下所述。

组织公民行为研究显示，指向组织整体的员工组织公民行为即 OCBO 与指向组织中其他个人（包括上司和同事）的组织公民行为即 OCBI，具有不同的前因。以此为基础，我们在将虚拟社区顾客公民行为按照指向对象的不同区分为 CCBO 和 CCBI 的基础上，尝试探查这两类不同指向的顾客公民行为可能具有的不同的前因。以社会交换理论、关系营销理论和自我决定理论为基础，我们发现，在消费类虚拟社区中，CCBO 和 CCBI 存在不同的前因，并且 CCBO 主要是社区关系营销的结果，而 CCBI 则主要受到顾客满足自身需要的某种动机的驱动。以此为基础并借鉴已有的研究，我们构建了关系质量变量包括社区满意、社区信任、感知社区支持与 CCBO 之间的关系，同时构建了外部动机（包括互惠动机、声誉动机）和内部动机（包括兴趣动机和利他动机）与 CCBI 之间的关系。

对关系质量变量与 CCBO 之间关系的实证分析结果显示，社区满意对 CCBO 的影响作用最强，路径系数为 0.52，感知社区支持的影响次之，路径系数为 0.14，而社区信任的影响作用则表现为不显著。这说明，消费类虚拟社区要激发顾客做出直接有益于社区的行为，必须重视顾客对社区的整体满意，同时让顾客感受到社区是关心顾客利益的，并且对顾客为社区做出的贡献是非常重视的并认为是有价值的。关于社区信任对 CCBO 的影响没有获得实证数据的支持，我们认为可能与我们的社区信任定义有关。我们将社区信任定义为：顾客对虚拟社区的诚实、善意以及有能力按照顾客期望的方式做出有益于双方关系的行为的信念和信心。这意味着，顾客相信社区有能力通过自身改进提升社区服务，并且有能力维护社区的良好秩序，因此，减弱了顾客为社区提出改进建议和制止其他顾客机会行为的动机。此外，我们认为，与满意包含情感成分不同，信任是一种长期交往中形成的稳定的信念，因此，通常不会带来受情感和情绪影响的口碑和推荐行为。

对行为动机与 CCBI 之间关系的实证分析结果显示，互惠动机的影响作用最强，路径系数为 0.59，兴趣动机和利他动机次之，路径系数分别为 0.42 和 0.41，而声誉动机的影响作用不显著。这说明，在消费类虚拟社区中，互惠期望和互惠回报作为外部动机，是促使顾客做出指向其他顾客的公民行为，即 CCBI 的最重要的影响因素，此外，享受帮助他人和与他人分享的乐趣，以及通过帮助和分享获得内心的快乐的内部动机也对顾客做出指向其他顾客的公民行为具有重要影响。关于声誉动机对 CCBI 的影响未获得实证数据的支持，我们认为，这可能反映了消费类虚拟社区与其他类型虚拟社区的一个差异。已有实证研究结果显示，声誉动机是实践型虚拟社区知识共享行为的一个主要前因。由于实践型虚拟社区是围绕某种职业建立起来的，成员在社区中的突出表现不仅会提升其社区声

誉，也可能提升其在职业中的声誉。但是，在消费类虚拟社区中，人们彼此交流的是与产品购买、使用和消费相关的话题，相对来说，这些话题与提升声誉的联系较弱，因此，声誉动机的影响并不明显。另外一种可能的解释是，在消费类虚拟社区中，由于社区规则的存在，从表面上看，顾客做出指向其他顾客的公民行为的确达到了提升其社区声誉的效果，但是，顾客做出这些行为的真正动机却不是为了提升声誉，而是为了回报其他顾客曾给予自己的帮助，或者为了获得与人分享和帮助他人的快乐，即互惠、兴趣和利他才是行为背后真正的动机。

5.1.3 结论与创新点三

本研究的第三个创新点是：在消费类虚拟社区研究情境下，发现 CCBO 和 CCBI 与其前因变量之间存在调节因素，并实证验证了自我效能感对 CCBO 和 CCBI 与其前因变量之间关系的调节作用。相关研究结论如下所述。

关于自我效能感调节 CCBO 与关系质量变量之间关系的实证研究结果显示，自我效能感显著调节社区满意和感知社区支持对 CCBO 的影响作用，β 值分别是 0.35 和 0.24，都达到了显著的水平，并且自我效能感被解释的不一致（R^2）水平显著提升，ΔR^2 分别为 0.15 和 0.11。同时，自我效能感对社区信任与 CCBO 之间关系的调节作用不显著。这一结果表明，社区信任对 CCBO 的影响不显著，并且，在将虚拟社区顾客按照自我效能感的高低分成两组后，社区信任仍未表现出对 CCBO 具有显著影响，自我效能感对社区信任与 CCBO 之间的关系不具有调节作用。

关于自我效能感调节 CCBI 与行为动机之间关系的实证研究结果显示，自我效能感显著调节互惠动机、声誉动机、兴趣动机和利他动机对 CCBI 的影响作用，β 值分别是 0.26、0.19、0.23 和 0.14，都达到了显著的水平，并且自我效能感被解释的不一致（R^2）水平显著提升，ΔR^2 分别为 0.12、0.10、0.10 和 0.10。其中，自我效能感调节互惠动机、兴趣动机和利他动机对 CCBI 影响的 β 值为正，表明自我效能感分别显著地正向调节互惠动机、兴趣动机和利他动机与 CCBI 之间的关系，这与我们的假设是一致的。但是，有趣的是，自我效能感调节声誉动机对 CCBI 的影响的 β 值虽然显著且 ΔR^2 显著提升，但 β 值呈现为负值，表明自我效能感显著负向调节声誉动机与 CCBI 之间的关系。这一结果表明，在消费类虚拟社区中，声誉动机对顾客公民行为的影响在自我效能感高低不同的顾客中存在差异。对于自我效能感高的顾客来说，顾客的自我效能感越高越不谋求社区中的声誉，反之，对那些自我效能感低的顾客，则可能为了提高自身的社区声誉而做出顾客公民行为。对这一结果的合理解释是，自我效能感高的顾客对自己拥有的消费知识、经验和能力很有自信，不需要通过他人的认可、赞扬来提升自我信念，也不担心自己的行为会为自己带来负面评价，甚至，即使行为导致了负面评价，自我效能感高的顾客也会不以为意。因此，在消费类虚拟社区中，自我效能感越高的顾客表现出的声誉动机越弱；但是，对于自我效能感低的顾客来说，通常更期望获得他人的认可和赞扬，并希望通过社区声誉来提升对自我的信念，因此，声誉动机对自我效能感低的顾客的公民行为的影响更大。

5.2 研究意义

5.2.1 理论意义

1. 理论意义之一

本研究的第一个理论意义是：在消费类虚拟社区情境下厘清顾客公民行为的概念构成，完善了现有的顾客公民行为量表研究。将组织公民行为的“多焦点研究方法”引入顾客公民行为研究，为更清晰地理解顾客公民行为的构成提供了新的视角。

互联网给关系营销提供了便捷的工具，但也使得顾客的行为越来越多样化、复杂化。特别是随着 Web2.0 技术的逐渐普及，虚拟社区的主角从企业转变为顾客，如何在社区环境下探查并解释顾客的行为，已成为理论界关注的焦点。本研究在已有的虚拟社区鼠碑行为和知识共享行为研究的基础上，关注到了对企业营销管理更具意义的一类顾客行为，即顾客公民行为，并在消费类虚拟社区环境下界定了虚拟社区顾客公民行为的概念并开发了相应的测量量表。

本研究在消费类虚拟社区情境下开发的顾客公民行为测量量表具有以下三个特征：①量表开发针对互联网虚拟社区特定情境。在现有的顾客公民行为研究中，只有 Groth（2005）的顾客公民行为测量量表是在互联网环境下开发的，大多数学者都将研究的情境放在了互联网线下。随着 Web2.0 技术的逐渐普及，虚拟社区成为消费者现实生活以外的另一个主要的社会交往空间，深入探查消费者在虚拟社区中的行为对企业更为迫切、更为重要。②在消费类虚拟社区情境下将顾客公民行为按照指向和直接受益对象的不同分为两类：CCBO 和 CCBI。在现有的顾客公民行为量表中，Bettencourt（1997）量表中的 3 个维度（忠诚、合作

和参与）以及 Bove 等（2009）量表中的 8 个维度都只包含了顾客做出的指向企业并直接对企业有益的行为。Groth（2005）的量表将顾客公民行为分为推荐、向企业提供反馈和帮助其他顾客 3 个维度，其中推荐和向企业提供反馈维度是指向企业的，而帮助其他顾客维度是指向其他顾客的，但是，Groth（2005）并未根据行为指向的不同对这些维度进行划分。国内学者范钧（2011）将顾客公民行为按照指向和直接受益对象的不同分为指向组织、指向组织服务员工和指向其他顾客 3 个维度。由于虚拟社区环境中不存在一线服务员工，在借鉴范钧（2011）的观点和组织公民行为研究的基础上，我们将虚拟社区顾客公民行为分为 CCBO 和 CCBI，分别代表指向虚拟社区和指向社区其他顾客的两类顾客公民行为。通过这样的分类，有利于研究者从行为的不同指向出发，深入探查顾客公民行为的维度构成，从而有利于从整体和细节两方面认识顾客公民行为这一概念的本质内涵。③将顾客公民行为从一个具有两层次多维度的概念变为一个具有三个层次的多维度概念。国内学者范钧（2011）将顾客公民行为按照三种指向进行划分之后，将这三种指向直接作为顾客公民行为的三个维度。我们认为，依据已有的研究，不同指向的顾客公民行为还可以进一步划分为不同的子维度。通过对虚拟社区访问者的定性访谈，结合现有文献中的顾客公民行为维度构成，我们进一步在虚拟社区环境中探查出 CCBO 的 4 个子维度和 CCBI 的 3 个子维度。尤其是对于 CCBI 的子维度识别，现有研究都只识别出一个维度即“帮助”维度，而我们在虚拟社区环境中识别出 CCBI 的 3 个子维度。对 CCBO 和 CCBI 子维度的探查是很重要的，有利于企业细致地识别并区分不同的顾客公民行为表现进行顾客行为的分析与管理。

尽管本研究开发的顾客公民行为测量量表与以往的量表相比更为复杂一些，但在实证检验中各维度和测量题项都很好地通过了信度和效度的检验，证明了本量表能够准确而有效地测量虚拟社区顾客公民行为的概念。

综上，本书的研究结果为理解虚拟社区中的顾客公民行为提供了新的视角，是对目前相关研究的提升与完善，为国内学者对我国互联网虚拟社区领域的顾客行为研究提供了有益的借鉴。

2. 理论意义之二

本研究的第二个理论意义是：在消费类虚拟社区情境下，发现 CCBO 与 CCBI 具有不同的前因，丰富了现有的顾客公民行为前因研究，并为今后进一步探查顾客公民行为的前因提供了新的研究方向。

目前，已有很多学者在互联网线下环境中对顾客公民行为的前因进行了较多的实证研究，但是在互联网环境中的相关实证研究还很少。并且，现有的顾客公民行为前因研究很大程度上直接借鉴了组织公民行为相关研究的结果，试图检验员工组织公民行为的前因因素也同样会对顾客公民行为产生影响，缺少对顾客由于与员工身份及与企业之间关系的不同所造成的行为上的差异的探查。此外，由于对顾客公民行为的不同指向缺少关注，因此，未能区分不同指向来探查顾客公民行为的不同前因。

本研究在将顾客公民行为按照指向和直接受益对象的不同划分为 CCBO 和 CCBI 的基础之上，试图在消费类虚拟社区情境下，探查两类顾客公民行为的不同的前因。以社会交换理论、关系营销理论和自我决定理论为基础，我们发现并构建了关系质量变量和个体行为动机两种不同因素分别对 CCBO 和 CCBI 产生影响的理论模型，并利用来自消费类虚拟社区访问者的调研数据对其进行了实证检验。首先，本书检验了关系质量变量包括社区满意、社区信任和感知社区支持对顾客做出的指向虚拟社区的顾客公民行为，即 CCBO 的影响。实证结果显示，社区满意和感知社区支持对 CCBO 具有显著正向影响，这一结果进一步印证了 Groth（2005）和 Bettencourt（1997）关于顾客满意和感知组织支持对顾客公民行为影响的实证研究结论。关于信任对顾客公民行为的影响，现有的研究关注较少，Gruen（1995）构建了信任与 CCBO 之间的关系，但是未进行实证检验，目前只有国内学者谢礼珊等（2008）实证证明了顾客对旅游网站的信任感对顾客公民行为具有直接正向影响。本研究中关于社区信任对 CCBO 的影响并未获得实证数据的支持。因此，关于信任是否对顾客公民行为具有直接的影响，还是通过其他变量间接对顾客公民行为产生影响等问题，需要后续的研究加以关注。其次，现有的顾客公民行为研究尚未关注并从行为动机的角度探查顾客公民行为的前因。本书以自我决定理论为基础，并借鉴现有的虚拟社区知识共享行为相关研究，构建并检验了个体行为动机包括两个外部动机（互惠动机、声誉动机）和两个内部动机（兴趣动机、利他动机）对顾客指向其他顾客的公民行为 CCBI 的影响。实证结果表明，互惠动机、兴趣动机和利他动机是 CCBI 的重要行为动机。

上述研究结果为已有的研究结果提供了实证支持，并进一步丰富了现有的顾客公民行为前因研究。为今后研究者进一步探查顾客公民行为的前因提供了更为开阔的思路与视角。

3. 理论意义之三

本研究的第三个理论意义是：在消费类虚拟社区情境下，发现自我效能感在 CCBO 和 CCBI 与其前因变量之间的调节作用，为进一步理解顾客公民行为的形成机制提供有益的启示。

根据社会认知理论，自我效能感作为一种认知因素，是指人们对自己在特定领域中实现行为目标所需能力的信心或信念。在以往的研究中，自我效能感被证明与虚拟社区成员行为存在关联。Ardichvili 和 Page 等（2003）在企业内部虚拟社区中，探讨了员工社区贡献行为的动机和障碍因素，结果发现，担心被其他社区成员批评或误解是员工放弃做出社区贡献行为的主要原因；Karakashian 等（2006）以 83 名大学生为研究对象，探讨了负面评价恐惧与助人行为的关系。实验研究表明，在社交和非社交情境中，负面评价恐惧都能预测助人行为，负面评价恐惧的个体较少表现出助人行为。现有的虚拟社区顾客行为研究文献主要将自我效能感作为虚拟社区顾客行为的前因，探讨自我效能感对顾客行为的直接影响。Hsu 等（2007）的研究表明，自我效能感是虚拟社区成员知识共享行为的一个关键决定因素。国内学者岑成德等（2011）在互联网旅游预订自助服务情境下，验证了自我效能感对顾客参与行为的重要影响。但是，我们在对消费类虚拟社区访问者的访谈中发现，自我效能感在两类不同指向的顾客公民行为 CCBO 和 CCBI 与其前因之间可能存在着调节作用。文献检索也支持了我们的观点，Bandura（1982）认为个体感知到的自我效能在影响个体行为方面扮演着重要的调节作用。以社会认知理论为基础，我们构建并检验了自我效能感对 CCBO 与关系质量变量以及 CCBI 与个体行为动机之间关系的调节作用。实证结果支持了我们的大部分假设。

综上，本书在虚拟社区顾客公民行为的前因研究中，首次引入了自我效能感作为顾客公民行为与其前因之间的调节变量，研究结果进一步丰富了该领域的研究角度，为更好地阐释顾客公民行为的形成提供了有益的启示。

4. 理论意义之四

本研究的第四个理论意义是：在消费类虚拟社区情境下，验证了 CCBO 和 CCBI 对顾客的社区黏性倾向具有正向影响，一方面丰富了顾客公民行为领域在结果方面的研究，另一方面，为顾客忠诚研究尝试“顾客行为—顾客忠诚”的研究路径提供了有益的探索。

现有顾客公民行为文献对顾客公民行为的前因进行了较为广泛和深入的研究，但是对于顾客公民行为的结果却少有关注。在互联网线下研究中，只有 Yi 和 Gong（2006）实证检验并证明了顾客公民行为对顾客感知服务质量具有正向影响。目前，已有学者开始在互联网线上环境中探查顾客公民行为的结果。Koh 和 Kim（2004）在探讨虚拟社区知识共享行为时，构建了知识共享行为通过影响社区参与和社区促进行为进而带来成员社区网站忠诚的研究模型。Koh 和 Kim（2004）的社区参与行为指的是成员为社区贡献有用的内容、回答其他成员问题等行为；社区促进指的是成员传播社区积极口碑的行为和推荐社区的行为。根据我们对虚拟社区顾客公民行为的定义，Koh 和 Kim（2004）的社区参与行为类似于 CCBI，而社区促进则类似于 CCBO。Koh 和 Kim（2004）的研究结果显示，社区促进行为可以带来社区成员对社区网站的忠诚。此外，Ng 和 Matanda（2009）在互联网零售环境下，检验了顾客感知服务质量与顾客公民行为对顾客在线忠诚的影响，实证结果表明，顾客感知服务质量和顾客公民行为均对顾客在线忠诚具有积极影响。

本研究借鉴 Koh 和 Kim（2004）的研究，并依据学者们关于"互联网环境下的顾客忠诚越来越多地表现为顾客的在线黏性"的观点，将顾客黏性倾向作为结果变量，探查消费类虚拟社区中顾客公民行为对顾客社区黏性倾向的影响。以前述我们对虚拟社区顾客公民行为按照指向对象不同进行的分类为基础，我们分别构建和检验了 CCBO 和 CCBI 对顾客社区黏性倾向的影响。实证研究结果显示，CCBO 和 CCBI 对顾客社区黏性倾向均具有显著影响。

综上，本研究实证证明了 CCBO 和 CCBI 均对顾客社区黏性倾向具有正向影响。这一研究结果，从不同角度验证了顾客公民行为的重要作用，丰富了顾客公民行为结果方面的研究。此外，现有的顾客忠诚研究主要探查从"顾企关系质量—顾客忠诚"的路径探查顾客忠诚的形成机制，本研究为顾客忠诚研究尝试"顾客行为—顾客忠诚"的研究路径提供了有益的探索。

5.2.2 实践意义

本研究的相关结果对消费类虚拟社区经营者以及借助消费类虚拟社区开展营销活动的企业也具有一定的借鉴和指导意义，主要表现在：

1. 实践意义之一

本书对虚拟社区顾客公民行为概念和量表开发研究的管理意义在于：①本研究在消费类虚拟社区情境下提出并界定了虚拟社区顾客公民行为的概念，使社区管理者可以在纷繁复杂的社区顾客行为中发现有益于社区的行为，为社区顾客行为管理提供了明确的方向。随着 Web2.0 技术的逐步推广，顾客之间在消费类虚拟社区中的沟通对企业营销活动的影响越来越大。虽然消费类虚拟社区中的顾客行为一直受到企业的重视，但由于顾客在社区中的行为表现异常复杂，正如我们在文献综述中提到的顾客参与行为、鼠碑行为和知识分享行为研究所反映的那样，既包括对企业有益的行为，也包括对企业不利的行为；既包括主动的行为，也包括被动的行为；既包括分享的行为，也包括索取的行为，因此，如何管理顾客的虚拟社区行为一直是企业社区营销活动的一个难点，本书将顾客公民行为研

究引入消费类虚拟社区，并将虚拟社区顾客公民行为界定为虚拟社区成员主动自愿做出的对虚拟社区有益的行为，很明显，这一概念的提出与界定，明晰了企业对虚拟社区顾客行为的认识，从企业营销的角度来讲，对企业的社区营销实践具有直接而重要的指导意义；②本研究开发的虚拟社区顾客公民行为测量量表，为企业识别和评价自身虚拟社区中的顾客公民行为提供了有力的工具，并使企业可以有针对性地开展营销活动以激发不同类别的顾客公民行为。

2. 实践意义之二

本书对消费类虚拟社区情境下顾客公民行为前因研究的管理意义在于：为企业掌握对社区有益的顾客公民行为的形成路径，并采取相应的营销策略以激发顾客的社区公民行为提供了直接的指导。

首先，企业应探寻影响顾客社区满意的因素以提升顾客满意度，并完善顾客信息反馈系统，提升顾客社区支持感知，从而促进顾客更多地做出有益于社区的行为。本研究结果显示，顾客对社区的整体满意和感知社区支持对顾客做出直接有益于社区的顾客公民行为，即 CCBO 具有显著的正向影响。依据这一研究结果，企业可以进一步探查影响顾客社区满意的因素，如提高社区易用性、有用性、安全性、互动性并不断完善顾客需要的服务功能等。此外，社区还应该完善顾客反馈系统，为顾客提供更多的信息反馈渠道，主动倾听顾客的心声，采纳顾客的建设性意见与建议等。如“爱卡汽车社区”在每一个注册用户的账户中都设有“意见反馈”链接，点击后，用户可以针对网站内容进行纠错，或者自由提出自己的意见和建议，同时，在“意见反馈”页面的右侧，社区还写给用户一段话：“亲爱的卡友：感谢您对爱卡汽车一直以来的关注和支持，您可以在这里将使用过程中发现的问题、建议反馈给我们，您的意见和建议是爱卡前进的动力。爱卡是我们的，也是你们的!”目前，比较知名的消费类虚拟社区大多设有“意见反馈区”或链接。类似这样的做法表现了社区对用户贡献的重视，可以很好地提升用户的感知社区支持，从而促使用户做出更多的有益于社区的行为。此外，我们认为，意见反馈是一种相对单向的沟通，为了增加用户的反馈，社区可以开辟更多的互动渠道，如通过站内私信或设立专门的 QQ 号等，使用户可以与社区版主或管理员实现互动沟通。

其次，企业应适当弱化声誉系统在社区中的作用，加强社区互惠氛围的营造，并增加有利于激发顾客兴趣等内在动机的社区板块或功能。目前，企业为了激发顾客对社区的参与，普遍的做法是设立声誉系统，顾客在声誉系统中地位的提升与顾客的发帖量直接相关。仍以爱卡汽车社区为例，用户发帖和回帖都可获得一定的积分，而积分直接与用户的社区等级相关，积分越高等级越高。依据发、回帖数量及积分的多少，爱卡汽车社区将用户分为新手上路、初级会员、三星会员、支柱会员、青铜长老、白银长老等15个级别。不可否认，由于一些消费类虚拟社区对不同级别的社区成员设立不同的服务门槛，为了获得社区服务，一些成员确实会为了提升自身在社区声誉系统中的地位或获得积分而增加社区参与行为。但是，实践中，也确实存在着一些顾客通过简单灌水的方式即可提升社区级别，降低了社区声誉系统对社区成员的激励作用。本研究结果显示，互惠动机对CCBI的影响作用最强，其次是兴趣动机和利他动机，而声誉动机对顾客的社区公民行为没有显著影响。尽管有关声誉动机对CCBI没有显著影响的结果可能与我们选择的消费类虚拟社区的特定社区类型相关，但是，这一研究结果应该引起企业的关注，在社区实践中，适当弱化声誉系统的地位，并尝试努力营造互惠互利的社区氛围，使互惠成为社区成员共同认同的社区规范。此外，社区也可以围绕顾客的兴趣点来设置社区板块的讨论主题，如爱卡汽车社区设有“自驾游”板块。我们认为，对于每一类产品或服务的讨论社区都可以以多种兴趣点作为讨论主题，如汽车社区还可以设置汽车改装、汽车音响发烧友等多个兴趣板块。通过设立兴趣板块，社区可以通过激发更具有主动性和坚持性的内部动机来促使顾客更多地做出顾客公民行为。

3. 实践意义之三

本书关于顾客公民行为与其前因因素之间的调节因素研究的管理意义在于：可以帮助企业依据自我效能感的高低来划分虚拟社区成员类别，并对自我效能感不同的两类成员采用不同的激励手段来促使其做出顾客公民行为。本研究结果显示，顾客的自我效能感越高，顾客对社区的整体满意以及感知社区支持对顾客做出指向虚拟社区的顾客公民行为的影响越强；同时，顾客的自我效能感越高，互惠动机、兴趣动机和利他动机对顾客做出指向其他顾客的公民行为的影响越强。上述结果与我们的研究假设是一致的。有意思的是，自我效能感显著负向调节声誉动机与CCBI之间的关系，即顾客的自我效能感越高，声誉动机对其公民行为的影响越小。这一研究结果可以补充我们前述关于声誉动机的研究结论。企业在虚拟社区实践中，可以利用声誉系统来影响那些自我效能感低的顾客，而对于能够为社区做出更多贡献行为的自我效能感高的顾客来说，则更多地应该采取适当的措施激发其内部动机。比如，借鉴兴趣型虚拟社区的做法，在社区中适当突出以产品为中心的兴趣，以吸引并激发具有产品相关兴趣的顾客对社区的积极参与与贡献。

4. 实践意义之四

本书对顾客公民行为影响顾客社区黏性倾向研究的管理意义在于：为企业通

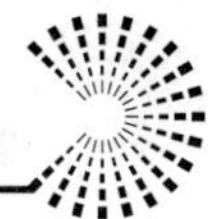

过社区顾客公民行为提高顾客的社区黏性提供了努力的方向。在互联网环境下，由于顾客掌握选择的主动权，同时由于提供相同服务的企业众多，要使顾客形成对本企业虚拟社区的忠诚变得相对难以实现，因此，尽可能增加顾客对自身虚拟社区的回访率并提高顾客在社区中停留的时间，即提高顾客社区黏性，成为企业社区营销的目标。目前企业在虚拟社区实践中，主要通过提高社区易用性、安全性或增加社区功能等社区质量因素来增加顾客黏性，本研究对两类不同指向的顾客公民行为与顾客社区黏性倾向之间关系的实证结果表明，CCBO 和 CCBI 都对顾客的社区黏性倾向具有直接的正向影响，为企业提高顾客社区黏性提供了一个新的思路和努力方向。企业可以通过激发顾客在社区中的积极口碑和推荐行为、积极为社区改进提出建议的行为来提高顾客对社区的黏性，也可以通过促使顾客积极地对其他顾客的提问予以响应或者主动分享行为来提高顾客的社区黏性。

5.3 研究局限与展望

5.3.1 研究局限

虽然本研究历时较长，也做了很多认真和细致的准备，但限于笔者的研究能力和研究条件，难免存在一些不足与局限，主要体现在以下几个方面：

（1）在研究范围上，本书界定为研究顾客主导的消费类虚拟社区。而与此相对，虚拟社区的分类还包括企业主导的虚拟社区和非消费类的虚拟社区，因此本书的研究结论的普适性仍有待进一步验证。

（2）在研究时点上，受到条件所限，本研究均采用了在同一时点上的截面数据。对于虚拟社区这种需要较长时间才能形成稳定行为的研究对象来说，较长时间积累的纵向数据可能更具有说服力。

（3）在量表开发方面，为了保证量表测量的全面性，目前的量表保留了较多的测量题项。尽管量表检验显示出较好的信度与效度，但是，应该还存在压缩测量题项的空间，仍需在后续的研究中对量表题项进行进一步的提炼。

（4）在建构虚拟社区顾客公民行为研究模型的过程中，我们基于现有文献中普遍采用的社会交换理论和关系营销理论，并借鉴了自我决定理论和社会认知理论的思想。但是否还存在其他可借鉴的理论基础，能够更好地、更全面地解释顾客在虚拟社区中的行为，仍需进一步挖掘与探索。

（5）在调节变量的选择上，本研究仅选取了自我效能感作为顾客公民行为与其前因之间关系的调节变量。自我效能感属于个体特征变量，对于虚拟社区管理来说，相对不易把握和控制。因此，如果能找到其他的调节变量，尤其是虚拟社区在管理操作中可以把握的变量，那么对于虚拟社区的管理实践将会有更为直接和重要的意义。

（6）本研究并未区分虚拟社区成员的类型来探讨顾客公民行为的前因。但是，在虚拟社区中有些成员属于专家型，能够回答和分享各种消费知识、经验和技能，但是，这些人只占社区成员的很小比例；而大部分的贡献者都是普通贡献者，即偶尔回答问题或进行分享的成员。我们认为，这两类不同类型的成员其公民行为可能存在不同的动机和影响因素。未来的研究可以通过区分虚拟社区贡献者类型来探查顾客公民行为的前因。

5.3.2 研究展望

针对上述局限，在未来的研究中，可以从以下几个方面进一步深化本书的研究：

（1）可以选择不同的虚拟社区类别，对本研究的结论进行比对，也许会得出不同虚拟社区类别中顾客公民行为的差异。如能实现，可以对本研究的普适性进行进一步的验证或优化。

（2）未来可以选择几个虚拟社区对其进行跟踪式的研究，从而使得本研究的结论对企业实践更具有指导性。同时，随着互联网技术的逐步发展，顾客之间的交流也从文本逐步转变为声音、图像甚至面对面的沟通，随着时间的推移，定期对本研究进行重复式的研究，也将是未来的一个方向。

（3）可以选择其他的理论基础，对虚拟社区顾客公民行为的形成进行解释，从而进一步丰富研究视角。甚至从其他角度开发新的测量量表，为企业从事营销活动提供新的借鉴。

（4）可以通过进一步研究，识别其他的调节变量。调节变量越多，就越能为现有的研究划出限制条件与适用范围，就越能在不同情境下解释顾客公民行为的形成机理，变量之间的关系和解释也会更为明确与清晰。同时，对企业管理实践也具有更直接的指导意义。

（5）未来的研究中，可以将顾客忠诚作为结果变量纳入模型进行研究。除此之外，还可以考虑引入企业绩效等更直接的与企业相关的指标进行验证，并在与这些变量的联系之中寻找其他中间变量，从而使得顾客公民行为的研究对企业实

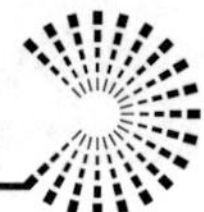

践的指导意义更强，更具有可操作性。

（6）区分虚拟社区顾客的不同类型来探查顾客公民行为的前因。比如，可以按照前述的专家型和普通贡献者进行划分，或者按照顾客与虚拟社区的关系发展阶段进行划分，并分别探查其行为的前因以及对虚拟社区可能产生的不同影响。

参考文献

[1] 2009年中国网络社区研究报告［R］. 艾瑞咨询集团，2009.

[2] 徐小龙，黄丹. 消费者在虚拟社区中的互动行为分析——以天涯社区的"手机数码"论坛为例［J］. 营销科学学报，2010，6（2）：42-56.

[3] 赵玲. 虚拟社区成员参与行为的实证研究［D］. 武汉：华中科技大学，2011.

[4] 2010年中国网络社区研究报告［R］. 艾瑞咨询集团，2011.

[5] 仲秋雁，王彦杰，裘江南. 众包社区用户持续参与行为实证研究［J］. 大连理工大学学报：社会科学版，2011，32（1）：1-6.

[6] 赵欣，周密，于玲玲，等. 基于情感依恋视角的虚拟社区持续使用模型构建——超越认知判断范式［J］. 2012，31（5）：14-20.

[7] 董大海，刘琰. 口碑，网络口碑与鼠碑辨析［J］. 管理学报，2012，9（3）：428-436.

[8] 赖胜强，朱敏. 网络口碑研究述评［J］. 财贸经济，2009（6）：127-128.

[9] 毕继东，胡正明. 网络口碑传播研究综述［J］. 情报杂志，2010（1）：11-16.

[10] 黄敏学，王峰，谢亭亭. 口碑传播研究综述及其在网络环境下的研究初探［J］. 管理学报，2010，7（1）：138-146.

[11] 郭小钗，陈蓓蕾. 在线口碑效应的影响因素实证研究［J］. 北京理工大学学报：社会科学版，2009，11（2）：31-35.

[12] 郭国庆，杨学成，张杨. 口碑传播对消费者态度的影响，一个理论模型［J］. 管理评论，2007，19（3）：20-26.

[13] 2011年中国互联网社区发展状况调查报告［R］. 艾瑞咨询集团，2011.

[14] 宋晓兵，丛竹，董大海. 网络口碑对消费者产品态度的影响机理研究［J］. 管理学报，2011，8（4）：559-566.

[15] 陈蓓蕾. 基于网络和信任的消费者在线口碑传播研究［D］. 杭州：浙

江大学，2008.

［16］赵越岷，李梦俊，陈华平．虚拟社区中消费者信息共享行为影响因素的实证研究［J］．管理学报，2010，7（10）．

［17］范钧．顾客参与对顾客满意和顾客公民行为的影响研究［J］．商业经济与管理，2011（1）：68－75.

［18］谢礼珊，申文果，梁晓丹．顾客感知的服务公平性与顾客公民行为关系研究［J］．管理评论，2008（6）：17－24.

［19］许博，邵兵家，姜洪涛．虚拟社区组织公民行为影响因素的实证研究［J］．现代图书情报技术，2011（5）：55－61.

［20］孙庆民．社会交换与人性假设［J］．湖南师范大学社会科学学报，1995（2）：24－28.

［21］马丁·克里斯托弗，等．关系营销：为利益相关方创造价值［M］．北京：中国财政经济出版社，2005.

［22］汪纯孝，韩小芸，温碧燕．顾客满意感与忠诚感关系的实证研究［J］．南开管理评论，2003（4）：70－74.

［23］宋晓兵．消费者与网络商店的关系价值研究［D］．大连：大连理工大学，2008.

［24］赵冰．电子服务领域如何达到消费者满意［J］．经济论坛，2005（5）：131－132.

［25］刘燕妮，周志民，任思颖．C2C 模式下顾客忠诚影响因素研究［J］．武汉理工大学学报，2010，32（4）：668－672.

［26］吴雪飞．旅游目的地形象、网络口碑与顾客忠诚的关系［J］．沈阳师范大学学报：社会科学版，2010，34（4）：37－40.

［27］华迎，陈进，吴贤彬．基于顾客参与的电子商务顾客忠诚形成机制之研究［J］．国际商务：对外经济贸易大学学报，2013（2）：103－112.

［28］汪涛，崔楠，肖勇鹏．顾客参与动机的研究——自我决定理论的视角［J］．营销科学学报，2009，5（1）：1－12.

［29］王永贵，马双，孙彬．自我决定感在顾客互动与社区满意间的中介作用［J］．山西财经大学学报，2012，34（8）：99－107.

［30］崔楠，崔庆安，汪涛．在线零售情境因素对顾客惠顾意愿的影响研究［J］．管理科学学报，2013，16（1）：42－58.

［31］张鼐，周年喜．虚拟社区知识共享行为影响因素的实证研究［J］．图书馆学研究，2010（6）：44－48.

[32] 李枫林，周莎莎．虚拟社区信息分享行为研究［J］．图书情报工作，2011，55（20）：48-51.

[33] 戴维·迈尔斯．社会心理学［M］．北京：人民邮电出版社，2006.

[34] 王炜．社区满意、成员信任与顾客公民行为关系研究［D］．大连：大连理工大学，2010.

[35] 王海萍．在线消费者黏性研究［D］．济南：山东大学，2009.

[36] 吕红兵．B2C 网店社会临场感与黏性倾向的关系研究［D］．大连：大连理工大学，2012.

[37] 岑成德，甘小添．自助服务技术环境下的顾客参与及其影响因素研究［J］．2011，30（2）：21-27.

[38] 金玉芳．消费者品牌信任研究［D］．大连：大连理工大学管理学院，2005.

[39] 李凌．两种取向的自我效能感评估概述．心理科学［J］．2001（5）：618-619.

[40] 魏源．大学生学习自我效能感的测量与干预研究［J］．心理科学，2004，27（4）：905-908.

[41] 杨洋，严霄霏，雷雳．互联网使用中的自我效能感［EB/OL］．中国科技论文在线，2006. http：//wenku. baidu. com/view/5a2ffb3767ec102de2bd8973. html.

[42] 崔丽娟，刘琳．大学生使用 BBS 的心理因素研究［J］．心理科学，2008，31（1）：205-209.

[43] 陈晓萍，徐淑英，樊景立．组织与管理研究的实证方法［M］．北京：北京大学出版社，2008.

[44] HSIEH Y C，CHIU H C，CHING M Y. Maintaining a Committed Online Customer：a Study across Search－Experience－Credence Products［J］．Journal of Retailing，2005，81（1）：75-82.

[45] KOZINETS R V. E－tribalized marketing? The strategic implications of virtual communities of consumption［J］．European Management Journal，1999，17（3）：252-264.

[46] HENNIG-THURAU T，GWINNER K P，WALSH G，et al. Electronic word-of-mouth via consumer-opinion platforms：What motivates consumers to articulate themselves on the Internet?［J］．Journal of interactive marketing，2004，18（1）：38-52.

[47] WASKO M M L，FARAJ S. Why should I share? Examining social

capital and knowledge contribution in electronic networks of practice [J] . MIS quarterly, 2005: 35 - 57.

[48] CHIU C M, HSU M H, WANG E T G. Understanding knowledge sharing in virtual communities: an integration of social capital and social cognitive theories [J] . Decision support systems, 2006, 42 (3): 1872 - 1888.

[49] HSU M H, JU T L, YEN C H, et al. Knowledge sharing behavior in virtual communities: The relationship between trust, self—efficacy, and outcome expectations [J] . International Journal of Human—Computer Studies, 2007, 65 (2): 153 - 169.

[50] GRUEN T W. The outcome set of relationship marketing in consumer markets [J] . International Business Review, 1995, 4 (4): 447 - 469.

[51] BETTENCOURT L A. Customer voluntary performance: customers as partners in service delivery [J] . Journal of retailing, 1997, 73 (3): 383 - 406.

[52] BOVE L L, PERVAN S J, BEATTY S E, et al. Service worker role in encouraging customer organizational citizenship behaviors [J] . Journal of Business Research, 2009, 62 (7): 698 - 705.

[53] YI Y, GONG T. Customer value co—creation behavior: Scale development and validation [J] . Journal of Business Research, 2012.

[54] GROTH M. Customers as good soldiers: Examining citizenship behaviors in internet service deliveries [J] . Journal of Management, 2005, 31 (1): 7 - 27.

[55] CHUNG T W. The Moderating Effects of Involvement on the Relationships among Perceived Service Quality, Customer Satisfaction, and Customer Citizenship Behavior [D] . Florida State University, 2006.

[56] NG J Y, MATANDA M. The role of citizenship behaviour in e—service quality delivery in blog retailing [C] . ANZMAC, 2009.

[57] ROSEN S. Sticky web site is a key to success [J] . Communication World, 2001, 18 (3): 36.

[58] HAGEL J, ARMSTRONG A G. Net gain: expanding markets through virtual communities [M] . Boston, MA: Harvard Business School Press, 1997.

[59] KLANG M, OLSSON S. Virtual communities [C] //Proceedings of the 22nd Information Systems Research Seminar in Scandinavia, 1999.

[60] HUMMEL J, LECHNER U. Social profiles of virtual communities

[C] //System Sciences, 2002. HICSS. Proceedings of the 35th Annual Hawaii International Conference on. IEEE, 2002: 2245-2254.

[61] FANG Y, NEUFELD D. Understanding sustained participation in open source software projects [J]. Journal of Management Information Systems, 2009, 25 (4): 9-50.

[62] VALCK K, VAN BRUGGEN G H, WIERENGA B. Virtual communities: A marketing perspective [J]. Decision Support Systems, 2009, 47 (3): 185-203.

[63] ADLER P R, CHRISTOPHER J A. Internet community primer overview and business opportunities [J]. Internet Community Primer, 1998.

[64] KIM A J. Community Building on the Web: Secret Strategies for Successful Online Communities [M]. Berkeley, CA: Peachpit Press, 2000.

[65] LAI T J, CHEN C Y. Virtual community and customer participations in user centric internet service ventures [C] //Management of Engineering & Technology, 2008. PICMET 2008. Portland International Conference on. IEEE, 2008: 1020-1027.

[66] OLIVER R L. A cognitive model of the antecedents and consequences of satisfaction decisions [J]. Journal of marketing research, 1980: 460-469.

[67] CHEN I Y L. The factors influencing members' continuance intentions in professional virtual communities—a longitudinal study [J]. Journal of Information Science, 2007, 33 (4): 451-467.

[68] JIN X L, CHEUNG C M K, LEE M K O, et al. Factors affecting users' intention to continue using virtual community [C] //E—Commerce Technology and the 4th IEEE International Conference on Enterprise Computing, E—Commerce, and E—Services, 2007. CEC/EEE 2007. The 9th IEEE International Conference on. IEEE, 2007: 239-246.

[69] CLEMENTS J A, BUSH A A. Habitual IS Use and Continuance [C] //Proceedings of the Southern Association for Information Systems Conference, Atlanta, GA, US. 2011.

[70] ARNDT J. Role of product—related conversations in the diffusion of a new product [J]. Journal of marketing Research, 1967: 291-295.

[71] TAX S S, CHANDRASHEKARAN M, CHRISTIANSEN T. Word—of—mouth in consumer decision—making: An agenda for research [J]. Journal

of Consumer Satisfaction，Dissatisfaction and Complaining Behavior，1993，6 (10)：74-80.

[72] XIA L，BECHWATI N N. Word of mouse：the role of cognitive personalization in online consumer reviews [J] . Journal of Interactive Advertising，2008，9 (1)：3-13.

[73] GRUEN T W，OSMONBEKOV T，CZAPLEWSKI A J. eWOM：The impact of customer—to—customer online know—how exchange on customer value and loyalty [J] . Journal of Business Research，2006，59 (4)：449-456.

[74] HUNG K H，LI S Y. The influence of eWOM on virtual consumer communities：social capital，consumer learning，and behavioral outcomes [J] . Journal of Advertising Research，2007，47 (4)：485.

[75] KIECKER P，COWLES D. Interpersonal communication and personal influence on the Internet：A framework for examining online word—of—mouth [J] . Journal of Euromarketing，2002，11 (2)：71-88.

[76] DUAN W，GU B，WHINSTON A B. The dynamics of online word—of—mouth and product sales—An empirical investigation of the movie industry [J] . Journal of Retailing，2008，84 (2)：233-242.

[77] BUSSIERE D. Evidence and implications of electronic word—of—mouth [J] . Developments in marketing science，2000 (23) .

[78] LITVIN S W，GOLDSMITH R E，PAN B. Electronic word—of—mouth in hospitality and tourism management [J] . Tourism management，2008，29 (3)：458-468.

[79] DICHTER E. How word—of—mouth advertising works [J] . Harvard Business Review，1966，44 (6)：147-160.

[80] SUNDARAM D S，MITRA K，WEBSTER C. Word—of—mouth communications：a motivational analysis [J] . Advances in consumer research，1998，25 (1)：527-531.

[81] JEONG H，MOON J. Virtual social identity development for customer electronic word—of—mouth participation [J] . Proceedings of the Ninth International Conference on Electronic Business，2009：243—249.

[82] MATOS C A，ROSSI C A V. Word-of-mouth communications in marketing：a meta—analytic review of the antecedents and moderators [J] . Journal of the Academy of Marketing Science，2008，36 (4)：578-596.

[83] RICHINS M L. Negative word—of—mouth by dissatisfied consumers: a pilot study [J]. The Journal of Marketing, 1983: 68-78.

[84] SUN T, YOUN S, WU G, et al. Online Word-of-Mouth (or Mouse): An Exploration of Its Antecedents and Consequences [J]. Journal of Computer-Mediated Communication, 2006, 11 (4): 1104-1127.

[85] CHU S C, KIM Y. Determinants of consumer engagement in electronic word—of—mouth (eWOM) in social networking sites [J]. International Journal of Advertising, 2011, 30 (1): 47-75.

[86] CHEVALIER J A, MAYZLIN D. The effect of word of mouth on sales: Online book reviews [J]. Journal of marketing research, 2006, 43 (3): 345-354.

[87] LIU Y. Word of mouth for movies: Its dynamics and impact on box office revenue [J]. Journal of marketing, 2006: 74-89.

[88] RABJOHN N, CHEUNG C M K, LEE M K O. Examining the perceived credibility of online opinions: information adoption in the online environment [C] //Hawaii International Conference on System Sciences, Proceedings of the 41st Annual. IEEE, 2008: 286-286.

[89] SMITH D N, ADVISER—MENON S. Trust me, would i steer you wrong? the influence of peer recommendations within virtual communities [D]. Chicago: University of Illinois, 2002.

[90] HA H Y. The Effects of Consumer Risk Perception on Pre-purchase Information in Online Auctions: Brand, Word-of-Mouth, and Customized Information [J]. Journal of Computer-Mediated Communication, 2002, 8 (1).

[91] XUE F, PHELPS J E. Internet—facilitated consumer—to—consumer communication: The moderating role of receiver characteristics [J]. International journal of internet marketing and advertising, 2004, 1 (2): 121-136.

[92] RYU S, HO S H, HAN I. Knowledge sharing behavior of physicians in hospitals [J]. Expert Systems with applications, 2003, 25 (1): 113-122.

[93] CHOI B, LEE H. Knowledge management strategy and its link to knowledge creation process [J]. Expert systems with applications, 2002, 23 (3): 173-187.

[94] NONAKA I, TAKEUCHI H. The Knowledge Creating Company [J]. Harvard Business Review, 1991, 69 (6): 96-104.

［95］ LOU J, LIM K, FANG Y, et al. Drivers of knowledge contribution quality and quantity in online question and answering communities ［C］ //Proceedings of the 15th Pacific Conference on Information Systems, 2011.

［96］ WIERTZ C, DE RUYTER K. Beyond the call of duty: why customers contribute to firm－hosted commercial online communities ［J］ . Organization Studies, 2007, 28 (3): 347－376.

［97］ YU C P, CHU T H. Exploring knowledge contribution from an OCB perspective ［J］ . Information & Management, 2007, 44 (3): 321－331.

［98］ KON J, KIM Y G. Knowledge sharing in virtual communities: an e－business perspective ［J］ . Expert Systems with Applications, 2004, 26 (2): 155－166.

［99］ BARNARD C I (1938) . The Functions of the Executive ［J］ . Cambridge, MA: Harvard University Press, 1938.

［100］ KATZ D. The motivational basis of organizational behavior ［J］ . Behavioral science, 1964, 9 (2): 131－146.

［101］ PODSAKOFF P M, MACKENZIE S B, PAINE J B, et al. Organizational citizenship behaviors: A critical review of the theoretical and empirical literature and suggestions for future research ［J］ . Journal of management, 2000, 26 (3): 513－563.

［102］ BATEMAN T S, ORGAN D W. Job Satisfaction and the Good Soldier: The Relationship between Affect and Employee "Citizenship" ［J］ . Academy of management Journal, 1983, 26 (4): 587－595.

［103］ SMITH C, ORGAN D W, NEAR J P. Organizational citizenship behavior: Its nature and antecedents ［J］ . Journal of applied psychology, 1983, 68 (4): 653.

［104］ ORGAN D W. Organizational citizenship behavior: The good soldier syndrome ［M］ . Lexington, MA: Lexington books, 1988.

［105］ BRIEF A P, MOTOWIDLO S J. Prosocial organizational behaviors ［J］ . Academy of Management Review, 1986: 710－725.

［106］ GEORGE J M, BETTENHAUSEN K. Understanding prosocial behavior, sales performance, and turnover: A group－level analysis in a service context ［J］ . Journal of Applied Psychology, 1990, 75 (6): 698.

［107］ VAN DYNE L, CUMMING L L. Extra－role behaviors: The need for construct and definitional clarity [C] //Academy of Management Annual Meeting, San Franscisco, CA, 1990.

[108] VAN DYNE L, LEPINE J A. Helping and voice extra－role behaviors: Evidence of construct and predictive validity [J]. Academy of Management Journal, 1998, 41 (1): 108－119.

[109] GEORGE J M, BRIEF A P. Feeling good－doing good: a conceptual analysis of the mood at work－organizational spontaneity relationship [J]. Psychological bulletin, 1992, 112 (2): 310.

[110] BORMAN W C, MOTOWIDLO S J. Expanding the criterion domain to include elements of contextual performance [J]. Personnel selection in organizations, 1993 (71).

[111] GRAHAM J W. An essay on organizational citizenship behavior [J]. Employee Responsibilities and Rights Journal, 1991, 4 (4): 249－270.

[112] WILLIAMS L J, ANDERSON S E. Job satisfaction and organizational commitment as predictors of organizational citizenship and in－role behaviors [J]. Journal of management, 1991, 17 (3): 601－617.

[113] LAVELLE J J, BROCKNER J, KONOVSKY M A, et al. Commitment, procedural fairness, and organizational citizenship behavior: A multifoci analysis [J]. Journal of Organizational Behavior, 2009, 30 (3): 337－357.

[114] ROSENBAUM M S, MASSIAH C A. When customers receive support from other customers: Exploring the influence of intercustomer social support on customer voluntary performance [J]. Journal of Service Research, 2007, 9 (3): 257－270.

[115] YI Y, GONG T. The antecedents and consequences of service customer citizenship behavior and badness behavior [J]. Seoul Journal of Business, 2006, 12 (2): 145－176.

[116] YI Y, GONG T. If employees "go to the extra mile," Do customers reciprocate with similar behavior [J]. Psychology and Marketing, 2008, 25 (10): 961－986.

[117] BARTIKOWSKI B, WALSH G. Investigating mediators between corporate reputation and customer citizenship behaviors [J]. Journal of Business Research, 2011, 64 (1): 39－44.

[118] JOE S W, LIN C P. Learning online community citizenship behavior:

A socio—cognitive model [J] . CyberPsychology & Behavior, 2008, 11 (3): 367 - 370.

[119] ORGAN D W, PODSAKOFF P M, MACKENZIE S B. Organizational Citizenship Behavior: Its Nature, Antecedents, and Consequences [M] . Thousand Oaks, CA: Sage, 2006.

[120] GOULDNER A W. The norm of reciprocity [J] . American Sociological Review, 1960 (25): 165 - 178.

[121] HOMANS G C. Social behavior: Its elementary forms [M] . Oxfordshire: Taylor & Francis Group, 1974.

[122] THIBAUT J W, KELLEY H. The Social Psychology of Groups [M] . New York: John Wiley & Sons, 1959.

[123] BLAU P M. Exchange and power in social life [M] . Transaction Publishers, 1964.

[124] FOA U G, FOA E B. Resource theory of social exchange [M] . General Learning Press, 1975.

[125] ORGAN D W, MOORMAN R H. Fairness and organizational citizenship behavior: What are the connections? Social Justice Research, 1993 (6): 5 - 18.

[126] HUI C, LAM S S K, LAW K K S. Instrumental values of organizational citizenship behavior for promotion : A field quasi—experiment [J] . Journal of Applied Psychology, 2000 (85): 822 - 828.

[127] MCNEELY B L, MEGLINO B M. The Role of Dispositional and Situational Antecedents in Prosocial Organizational Behavior: An Examination of the Intended Beneficiaries of Prosocial Behavior [J] . Journal of Applied Psychology, 1994, 79 (6): 836 - 844.

[128] PARVATIYAR A, SHETH J N. Paradigm shift in marketing theory and approach: the emergence of relationship marketing [J] . Relationship marketing: Theory, methods, and applications, 1994: 23 - 30.

[129] MORGAN R M, HUNT S D. The commitment—trust theory of relationship marketing [J] . The Journal of Marketing, 1994: 20 - 38.

[130] WEBSTER JR F E. The changing role of marketing in the corporation [J] . The Journal of Marketing, 1992: 1 - 17.

[131] SHETH J N, PARVATIYAR A. The evolution of relationship mar-

keting [J]. International Business Review, 1995, 4 (4): 397-418.

[132] BERRY L L, SHOSTACK G L, UPAH G D. Emerging Perspectives on Service Marketing [M]. Chicago: American Marketing Association, 1983.

[133] GRÖNROOS C. Relationship Marketing: Strategic and Tactical Implications [J]. Management Decision, 1996, 34 (3): 5-14.

[134] CROSBY, LAWRENCE A, EVANS, et al. Relationship quality in services selling: an interpersonal influence perspective [J]. Journal of Marketing, 1990, 54 (3): 68-81.

[135] JOHNSON J L. Strategic Integration in Industrial Distribution Channels: Managing the Interfirm Relationship as a Strategic Asset [J]. Journal of Academy of Marketing Science, 1999, 27 (1): 4-18.

[136] HOLMLUND M. The D&D Model—dimensions and Domains of Relationship Quality Perceptions [J]. Service Industries Journal, 2001, 21 (3): 13-36.

[137] HENNIG-THURAU THORSTEN, KLEE ALEXANDER. The Impact of Customer Satisfaction and Relationship Quality on Customer Retention: A Critical Reassessment and Model Development [J]. Psychology & Marketing, 1997, 14 (8): 737-765.

[138] DWYER F R, SCHURR P H, OH S. Developing buyer—seller relationships [J]. The Journal of Marketing, 1987: 11-27.

[139] MOHR J, SPEKMAN R. Characteristics of partnership success: partnership attributes, communication behavior, and conflict resolution techniques [J]. Strategic management journal, 2006, 15 (2): 135-152.

[140] NAUDé P, BUTTLE F. Assessing relationship quality [J]. Industrial Marketing Management, 2000, 29 (4): 351-361.

[141] JONES T O, SASSER W E. Why satisfied customers defect [J]. Harvard business review, 1995, 73: 88.

[142] ANDERSON R E, SRINIVASAN S S. E-satisfaction and e-loyalty: A contingency framework [J]. Psychology & Marketing, 2003, 20 (2): 123-138.

[143] BAGOZZI R P, DHOLAKIA U M. Antecedents and purchase consequences of customer participation in small group brand communities [J]. International Journal of Research in Marketing, 2006, 23 (1): 45-61.

[144] DECI E L, RYAN R M. Self—Determination [M]. Hoboken, NJ: John Wiley & Sons, Inc, 1985.

[145] RYAN R M, DECI E L. Intrinsic and extrinsic motivations: Classic definitions and new directions [J]. Contemporary educational psychology, 2000, 25 (1): 54-67.

[146] BANDURA A. Self—efficacy: toward a unifying theory of behavioral change [J]. Psychological Review, 1977, 84: 191-215.

[147] BANDURA A. Self—efficacy mechanism in human agency [J]. American psychologist, 1982, 37 (2): 122-147.

[148] CHURCHILL A. A paradigm for developing better measures of marketing constructs [J]. Journal of Marketing Research, 1979, 15 (2): 64-73.

[149] PARASURAMAN A, ZEITHAML V A, BERRY L L. Servqual [J]. Journal of retailing, 1988, 64 (1): 12-37.

[150] RUEKERT R W, CHURCHILL G A. Reliability and validity of alternative measures of channel member satisfaction [J]. Journal of Marketing Research, 1984, 21 (2): 226-233.

[151] ANDERSON J C, GERBING D W. Structural Equation Modeling in Practice: A Review and Recommended Two—step Approach [J]. Psychological Bulletin, 1988, 103 (3): 411-423.

[152] JORESKOG K G, SORBOM D. LISREL 8: Structural Equation Modeling with the SIMPLIS Command Language [M]. Chicago: Scientific Software International, 1993.

[153] BENTLER P M. On the Fit of Models to Covariances and Methodology [J]. Psychological Bulletin, 1992, 112 (3): 400-404.

[154] BARCLAY D, HIGGINS C, THOMPSON R. The partial least squares approach to causal modeling: personal computer adoption and use as an Illustration [J]. Technology Studies, 1995, 2 (2): 285-309.

[155] FORNELL C, LARCHER D F. Evaluating structural equation models with unobservable and measurement errors [J]. Journal of Marketing Research, 1981, 18 (2): 39-50.

[156] CHIN W W, TODD P A. On the use, usefulness, and ease of use of structural equation modeling in MIS Research: A note of caution [J]. MIS Quarterly, 1995, 19 (2): 237-246.

［157］CHURCHILL JR G A，SURPRENANT C. An investigation into the determinants of customer satisfaction［J］. Journal of Marketing research，1982：491-504.

［158］WOODSIDE A G，FREY L L，DALY R T. Linking service quality，customer satisfaction，and behavioral intention［J］. Journal of health care marketing，1989，9（4）：5.

［159］BHATTACHARYA R，DEVINNEY T M，PILLUTLA M M. A formal model of trust based on outcomes［J］. Academy of management review，1998，23（3）：459-472.

［160］BRADACH J L，ECCLES R G. Price，authority，and trust：From ideal types to plural forms［J］. Annual review of sociology，1989：97-118.

［161］WALTER A，MUELLER T A，HELFERT G. The impact of satisfaction，trust，and relationship value on commitment：theoretical considerations and empirical results［C］//IMP Conference Proceedings，2000.

［162］SITKIN S B，ROTH N L. Explaining the limited effectiveness of legalistic "remedies" for trust/distrust［J］. Organization science，1993，4（3）：367-392.

［163］ANDERSON E，WEITZ B. The use of pledges to build and sustain commitment in distribution channels［J］. Journal of marketing research，1992：18-34.

［164］HUTCHISON S，SOWA D，EISENBERGER R，et al. Perceived organizational support［J］. Journal of Applied Psychology，1986，71（3）：500-507.

［165］SHORE L M，WAYNE S J. Commitment and employee behavior：Comparison of affective commitment and continuance commitment with perceived organizational support［J］. Journal of Applied Psychology，1993（78）.

［166］RHOADES L，EISENBERGER R. Perceived organizational support：A review of the literature［J］. Journal of applied psychology，2002，87（4）：698-714.

［167］CHEN Z，EISENBERGER R，JOHNSON K M，et al. Perceived organizational support and extra—role performance：which leads to which?［J］. The Journal of social psychology，2009，149（1）：119-124.

［168］RHEINGOLD H. The virtual community：Homesteading on the electronic frontier［M］. Addison Wesley Publishing Company，1993.

［169］ WELLMAN B，GULIA M. Net surfers don't ride alone：Online communities as communities ［M］ //Kollock P，Smith M. Communities and Cyberspace. New York：Routledge，1999.

［170］ MATHWICK C. Understanding the online consumer：A typology of online relational norms and behavior ［J］ . Journal of Interactive Marketing，2002，16 (1)：40－55.

［171］ BLAU P M. Exchange and power in social life ［M］ . Transaction Publishers，1964.

［172］ CONSTANT D，SPROULL L，KIESLER S. The kindness of strangers：The usefulness of electronic weak ties for technical advice ［J］ . Organization science，1996，7 (2)：119－135.

［173］ DONATH J S. Identity and deception in the virtual community ［J］ . Communities in cyberspace，1999，1996：29－59.

［174］ LAKHANI K R，VON HIPPEL E. How open source software works："free" user—to—user assistance ［J］ . Research policy，2003，32 (6)：923－943.

［175］ WANG Y，FESENMAIER D R. Towards understanding members' general participation in and active contribution to an online travel community ［J］ . Tourism Management，2004，25 (6)：709－722.

［176］ KANKANHALLI A，TAN B C Y，WEI K K. Contributing knowledge to electronic knowledge repositories：an empirical investigation ［J］ . Mis Quarterly，2005：113－143.

［177］ LI D，BROWNE G J，WETHERBE J C. Why do internet users stick with a specific web site? A relationship perspective ［J］ . International Journal of Electronic Commerce，2006，10 (4)：105－141.

［178］ DAVENPORT T H. Sticky Business ［J］ . CIO—FRAMINGHAM MA，2000，13 (8)：58－60.

［179］ LIN J C C. Online stickiness：its antecedents and effect on purchasing intention ［J］ . Behaviour & Information Technology，2007，26 (6)：507－516.

［180］ HSU M H，CHIU C M. Internet self—efficacy and electronic service acceptance ［J］ . Decision support systems，2004，38 (3)：369－381.

［181］ ARDICHVILI A，PAGE V，WENTLING T. Motivation and barriers to participation in virtual knowledge—sharing communities of practice ［J］ .

Journal of knowledge management, 2003, 7 (1): 64 - 77.

[182] KARAKASHIAN, L M, WALTER M I, et al. Fear of negative evaluation affects helping behavior: The bystander effect revisited. North American Jounal of Psychology [J]. 2006 (8): 13 - 32.

[183] HSU M H, JU T L, YEN C H, et al. Knowledge sharing behavior in virtual communities: The relationship between trust, self - efficacy, and outcome expectations [J]. International Journal of Human — Computer Studies, 2007, 65 (2): 153 - 169.

[184] BANDURA A, CERVONE D. Self — evaluative and self — efficacy mechanisms governing the motivational effects of goal systems [J]. Journal of personality and social psychology, 1983, 45 (5): 1017 - 1028.

[185] YI Y, GONG T. The electronic service quality model: The moderating effect of customer self - efficacy [J]. Psychology & Marketing, 2008, 25 (7): 587 - 601.

[186] ANDERSON J C, NARUS J A. A model of distributor firm and manufacturer firm working partnerships [J]. The Journal of Marketing, 1990: 42 - 58.

[187] MOORMAN C, DESHPANDE R, ZALTMAN G. Factors affecting trust in market research relationships [J]. The Journal of Marketing, 1993: 81 - 101.

[188] GARBARINO E, JOHNSON M S. The different roles of satisfaction, trust, and commitment in customer relationships [J]. The Journal of Marketing, 1999: 70 - 87.

[189] SIRDESHMUKH D, SINGH J, SABOL B. Consumer trust, value, and loyalty in relational exchanges [J]. The Journal of Marketing, 2002: 15 - 37.

[190] GRAZIOLI S, JARVENPAA S L. Perils of Internet fraud: An empirical investigation of deception and trust with experienced Internet consumers [J]. Systems, Man and Cybernetics, Part A: Systems and Humans, IEEE Transactions on, 2000, 30 (4): 395 - 410.

[191] NGUYEN N, LECLERC A, LEBLANC G. The Mediating Role of Customer Trust on Customer Loyalty [J]. Journal of Service Science and Management, 2013 (6): 96 - 109.

[192] HASSANEIN K, HEAD M. Manipulating perceived social presence through the web interface and its impact on attitude towards online shopping [J].

International Journal of Human—Computer Studies, 2007, 65 (8): 689-708.

[193] CHU K M, CHAN H C. Community based innovation: its antecedents and its impact on innovation success [J] . Internet Research, 2009, 19 (5): 496-516.

[194] DHOLAKIA U M, BAGOZZI R P, PEARO L K. A social influence model of consumer participation in network—and small—group—based virtual communities [J] . International Journal of Research in Marketing, 2004, 21 (3): 241-263.

[195] RIDINGS C M, GEFEN D. Virtual community attraction: Why people hang out online [J] . Journal of Computer-Mediated Communication, 2004, 10 (1) .

[196] SCHWARZER R, JERUSALEM M. Generalized self—efficacy scale [M] . J Weinman, S. Wright, M. Johnston, Measures in health psychology: A user' s portfolio. Causal and control beliefs, 1995: 35 — 37. Windsor, UK: NFER—NELSON.

[197] CARMINES E G, MCLVER J P. Social Measurement: Current Issues [M] . Beverly Hills: Sage Pubns, 1981.

[198] BYRNE B M. Structural equation modeling with Lisrel, Prelis, and Simplis: basic concepts, applications, and programming [M] . Mahwah, NJ: Erlbaum, 1998.

[199] REISINGER Y, TURNER L. A Cultural Analysis of Japanese Tourists: Challenges for Tourism Marketers [J] . European Journal of Marketing, 1999, 33 (11/12): 12-27.

[200] BARON D, KETINEY D. The moderator—mediator variable distinction in social psychological research: conceptual, strategic and statistical considerations [J] . Journal of Social Psychology, 1986, 51 (7): 1173-1182.

[201] AIKEN L S, WEST S G. Multiple Regression: Testing and Interpreting Interactions [M] . Newbury Park: Sage Publications, 1991.

附录A　虚拟社区顾客公民行为调查问卷（量表）

尊敬的女士/先生：

您好！非常感谢您百忙之中抽空填答此问卷。本次问卷调查的目的是探查消费类虚拟社区中的消费者行为。本问卷采用匿名的方式，您所提供的信息仅供学术研究之用，决不另作他用或向第三方披露，请您安心填答。答案并无对、错之分，只希望您能表达自己的真实意见和想法。您的热心参与将有助于本研究的顺利完成，在此向您致以衷心的感谢！

第一部分：消费者虚拟社区访问基本情况调查

1. 您是否经常在网上购物？

□经常　　□很少　　□从不

2. 您是否访问过消费类虚拟社区？

（注：消费类虚拟社区是指主要由消费者参与形成，以产品或服务、购物经历等消费话题为主要互动内容的互联网社区，例如淘宝社区、网易手机论坛等。）

□是　　□否

3. 您访问消费类虚拟社区的频率是？

□经常　　□很少

4. 在您访问过的消费类虚拟社区中，您访问次数最多的一个是：[单选]

□淘宝社区　□当当社区　□凡客社区　□聚美优品社区

□美丽说　□我爱购物网　□蘑菇街　□闺蜜网

□手机之家　□中关村在线论坛　□爱卡汽车社区　□草莓派护肤社区

□电脑之家　□零食控美食社区　□网易手机论坛　□新浪化妆品论坛

□新浪数码社区　□其他（请注明）＿＿＿＿＿＿

请注意：从第5题开始，下面所有的问题都是针对您访问次数最多的这个消费类虚拟社区。

5. 您第一次访问该社区是在：

□一个月前　□三个月前　□六个月前　□一年及更长时间以前

6. 在过去一个月时间里，您访问该社区的频率是：

□1个月不到1次　□1个月约2～3次　□1个礼拜约1次

□1个礼拜约2～3次　□1个礼拜约5～6次　□1天大约1次

□1 天好几次

7. 您每次访问该社区，在里面平均停留的时间长度是：

□10 分钟　□30 分钟　□1 小时　□2 小时　□更长时间

第二部分：虚拟社区消费者行为调查

8. 下面是关于您在虚拟社区中的参与行为的一些描述，请根据您的实际情况回答：

	从不	很少	较少	不能确定	较多	很多	经常
当有人在社区中提问时，我会积极地给予回答	1	2	3	4	5	6	7
当别人对他人的提问回答不够准确时，我会积极地对答案进行修正	1	2	3	4	5	6	7
我会在回答他人提出的问题的基础上，提供更多我知道的其他相关信息	1	2	3	4	5	6	7
当社区新成员不会使用社区功能时，我会给予解答	1	2	3	4	5	6	7
当有人在购物中不知如何选择时，我会给予相关产品的个人评价以供其参考	1	2	3	4	5	6	7
当有人在购物中不知如何选择时，我会给予产品推荐建议	1	2	3	4	5	6	7
当我不能回答别人提出的问题时，我会提供有助于问题解决的相关信息	1	2	3	4	5	6	7

	从不	很少	较少	不能确定	较多	很多	经常
购物后我会在社区中分享我的购物经验	1	2	3	4	5	6	7

使用产品后，我会在社区中分享我的产品使用感受	1	2	3	4	5	6	7
接受某项服务后，我会在社区中分享我的服务体验	1	2	3	4	5	6	7
当我获得新产品或服务信息时，我会将这一信息在社区中与其他人分享	1	2	3	4	5	6	7
当我获得社区讨论主题相关的产品或服务促销信息时，我会将这一信息在社区中与其他人分享	1	2	3	4	5	6	7
当我发现与社区讨论主题相关的好帖子时，我会转发到社区与大家分享	1	2	3	4	5	6	7
当我掌握产品或服务的基本功能的使用方法时，我会发帖，与社区其他成员分享	1	2	3	4	5	6	7
当我掌握产品或服务的使用技巧时，我会发帖，与社区其他成员分享	1	2	3	4	5	6	7
当我掌握如何处理产品或服务的某方面缺陷时，我会发帖，与社区其他成员分享	1	2	3	4	5	6	7
	从不	很少	较少	不能确定	较多	很多	经常
当我发现某个帖子对社区成员非常有用时，我会顶帖，以使更多的其他成员都能看到	1	2	3	4	5	6	7
当我不能回答别人提出的问题时，我会顶帖，以使有能力回答问题的人能够看到	1	2	3	4	5	6	7

当我不能回答别人提出的问题时，我会对其面临的问题表达我的支持	1	2	3	4	5	6	7
当有成员帮助提问者解决问题时，我会给予赞扬和鼓励	1	2	3	4	5	6	7
当有社区成员花费时间和精力为大家编辑好帖子时，我会给予赞扬和鼓励	1	2	3	4	5	6	7

	从不	很少	较少	不能确定	较多	很多	经常
我会通过其他网络互动空间（如QQ）传递有关该社区的正面口碑	1	2	3	4	5	6	7
我会在网上向其他人推荐该社区	1	2	3	4	5	6	7
我会在网上向对该社区讨论主题感兴趣的人推荐该社区	1	2	3	4	5	6	7
我会通过其他网络互动空间（如QQ）向其他人推荐该社区	1	2	3	4	5	6	7

	从不	很少	较少	不能确定	较多	很多	经常
我会在社区中发表有关改进该社区服务的建议	1	2	3	4	5	6	7
我会向社区管理员或版主提出我对改进该社区服务的建议	1	2	3	4	5	6	7
我会让社区了解更好地服务于我的方法	1	2	3	4	5	6	7
我会向社区提供如何改进服务的方法	1	2	3	4	5	6	7

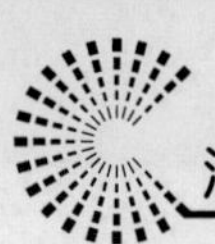

当我在社区中遇到问题时，我会告知社区	1	2	3	4	5	6	7
当我在社区中发现问题时，即使它没有影响我，我也会告知社区	1	2	3	4	5	6	7
如果我有抱怨，我会告知社区以便于其进行改进	1	2	3	4	5	6	7
如果我感觉社区为我提供了好的服务，我会告知社区我的感受	1	2	3	4	5	6	7
我会填写社区发出的社区成员满意度调查问卷	1	2	3	4	5	6	7
当社区进行各种调查活动时，我愿意积极提供相关意见和建议	1	2	3	4	5	6	7
	从不	很少	较少	不能确定	较多	很多	经常
如果该社区的服务偶尔没有达到我的预期，我会容忍	1	2	3	4	5	6	7
如果该社区的服务偶尔出现问题，我会表示出耐心	1	2	3	4	5	6	7
如果该社区的产品或服务不够完善，我能够理解	1	2	3	4	5	6	7
如果我在该社区中有不满意的体验，我仍愿意继续留在该社区	1	2	3	4	5	6	7
如果我在该社区中有不满意的体验，我仍愿意继续支持该社区	1	2	3	4	5	6	7
	从不	很少	较少	不能确定	较多	很多	经常
如果有人破坏社区的规则，我会表示不满	1	2	3	4	5	6	7

如果有人破坏社区的规则，我会予以批评	1	2	3	4	5	6	7
如果其他成员出现影响社区秩序的行为，我会及时告知社区	1	2	3	4	5	6	7
如果其他成员出现影响社区秩序的行为，我会予以阻止	1	2	3	4	5	6	7

第三部分：消费者基本资料

以下部分是为了了解您的基本情况，仅供统计分析使用，请放心做答。

9. 您的性别 □男 □女

10. 您的年龄 □20岁以下 □21～29岁 □30～39岁 □40～49岁 □50～59岁 □60岁以上

11. 您的学历 □大专及以下 □本科生 □硕士 □博士

12. 您的月收入 □无收入 □2000元以下 □2000～3999元 □4000～5999元 □6000～7999元 □8000元及以上

13. 您的职业 □学生 □公务员 □教师 □公司职员 □专业技术人员 □私营业主 □工人 □其他

附录 B　虚拟社区顾客公民行为调查问卷（模型）

尊敬的女士/先生：

您好！非常感谢您百忙之中抽空填答此问卷。本次问卷调查的目的是探查消费类虚拟社区中的消费者行为。本问卷采用匿名的方式，您所提供的信息仅供学术研究之用，决不另作他用或向第三方披露，请您安心填答。答案并无对、错之分，只希望您能表达自己的真实意见和想法。您的热心参与将有助于本研究的顺利完成，在此向您致以衷心的感谢！

第一部分：消费者虚拟社区访问基本情况调查

1. 您是否经常在网上购物？

□经常　　□很少　　□从不

2. 您是否访问过消费类虚拟社区？

（注：消费类虚拟社区是指主要由消费者参与形成，以产品或服务、购物经历等消费话题为主要互动内容的互联网社区，例如淘宝社区、网易手机论坛等。）

□是　　□否

3. 您访问消费类虚拟社区的频率是？

□经常　　□很少

4. 在您访问过的消费类虚拟社区中，您访问次数最多的一个是：[单选]

□淘宝社区　□当当社区　□凡客社区　□聚美优品社区

□美丽说　□我爱购物网　□蘑菇街　□闺蜜网

□手机之家　□中关村在线论坛　□爱卡汽车社区　□草莓派护肤社区

□电脑之家　□零食控美食社区　□网易手机论坛　□新浪化妆品论坛

□新浪数码社区　□其他（请注明）________

请注意：从第 5 题开始，下面所有的问题都是针对您访问次数最多的这个消费类虚拟社区。

5. 您第一次访问该社区是在：

□一个月前　□三个月前　□六个月前　□一年及更长时间以前

6. 在过去一个月时间里，您访问该社区的频率是：

□1 个月不到 1 次　□1 个月约 2～3 次　□1 个礼拜约 1 次

□1 个礼拜约 2～3 次　□1 个礼拜约 5～6 次　□1 天大约 1 次

□1 天好几次

7. 您每次访问该社区，在里面平均停留的时间长度是：

□10 分钟　□30 分钟　□1 小时　□2 小时　□更长时间

第二部分：虚拟社区消费者行为调查

8. 下面是关于您在虚拟社区中的参与行为的一些描述，请根据您的实际情况回答：

	从不	很少	较少	不能确定	较多	很多	经常
当有人在社区中提问时，我会积极地给予回答	1	2	3	4	5	6	7
当别人对他人的提问回答不够准确时，我会积极地对答案进行修正	1	2	3	4	5	6	7
我会在回答他人提出的问题的基础上，提供更多我知道的其他相关信息	1	2	3	4	5	6	7
当社区新成员不会使用社区功能时，我会给予解答	1	2	3	4	5	6	7
当有人在购物中不知如何选择时，我会给予相关产品的个人评价以供其参考	1	2	3	4	5	6	7
当有人在购物中不知如何选择时，我会给予产品推荐建议	1	2	3	4	5	6	7
当我不能回答别人提出的问题时，我会提供有助于问题解决的相关信息	1	2	3	4	5	6	7

	从不	很少	较少	不能确定	较多	很多	经常
购物后我会在社区中分享我的购物经验	1	2	3	4	5	6	7

使用产品后，我会在社区中分享我的产品使用感受	1	2	3	4	5	6	7
接受某项服务后，我会在社区中分享我的服务体验	1	2	3	4	5	6	7
当我获得新产品或服务信息时，我会将这一信息在社区中与其他人分享	1	2	3	4	5	6	7
当我获得社区讨论主题相关的产品或服务促销信息时，我会将这一信息在社区中与其他人分享	1	2	3	4	5	6	7
当我发现与社区讨论主题相关的好帖子时，我会转发到社区与大家分享	1	2	3	4	5	6	7
当我掌握产品或服务的基本功能的使用方法时，我会发帖，与社区其他成员分享	1	2	3	4	5	6	7
当我掌握产品或服务的使用技巧时，我会发帖，与社区其他成员分享	1	2	3	4	5	6	7
当我掌握如何处理产品或服务的某方面缺陷时，我会发帖，与社区其他成员分享	1	2	3	4	5	6	7
	从不	很少	较少	不能确定	较多	很多	经常
当我发现某个帖子对社区成员非常有用时，我会顶帖，以使更多的其他成员都能看到	1	2	3	4	5	6	7
当我不能回答别人提出的问题时，我会顶帖，以使有能力回答问题的人能够看到	1	2	3	4	5	6	7

当我不能回答别人提出的问题时，我会对其面临的问题表达我的支持	1	2	3	4	5	6	7
当有成员帮助提问者解决问题时，我会给予赞扬和鼓励	1	2	3	4	5	6	7
当有社区成员花费时间和精力为大家编辑好帖子时，我会给予赞扬和鼓励	1	2	3	4	5	6	7

	从不	很少	较少	不能确定	较多	很多	经常
我会通过其他网络互动空间（如QQ）传递有关该社区的正面口碑	1	2	3	4	5	6	7
我会在网上向其他人推荐该社区	1	2	3	4	5	6	7
我会在网上向对该社区讨论主题感兴趣的人推荐该社区	1	2	3	4	5	6	7
我会通过其他网络互动空间（如QQ）向其他人推荐该社区	1	2	3	4	5	6	7

	从不	很少	较少	不能确定	较多	很多	经常
我会在社区中发表有关改进该社区服务的建议	1	2	3	4	5	6	7
我会向社区管理员或版主提出我对改进该社区服务的建议	1	2	3	4	5	6	7
我会让社区了解更好地服务于我的方法	1	2	3	4	5	6	7
我会向社区提供如何改进服务的方法	1	2	3	4	5	6	7

当我在社区中遇到问题时，我会告知社区	1	2	3	4	5	6	7
当我在社区中发现问题时，即使它没有影响我，我也会告知社区	1	2	3	4	5	6	7
如果我有抱怨，我会告知社区以便于其进行改进	1	2	3	4	5	6	7
如果我感觉社区为我提供了好的服务，我会告知社区我的感受	1	2	3	4	5	6	7
我会填写社区发出的社区成员满意度调查问卷	1	2	3	4	5	6	7
当社区进行各种调查活动时，我愿意积极提供相关意见和建议	1	2	3	4	5	6	7
	从不	很少	较少	不能确定	较多	很多	经常
如果该社区的服务偶尔没有达到我的预期，我会容忍	1	2	3	4	5	6	7
如果该社区的服务偶尔出现问题，我会表示出耐心	1	2	3	4	5	6	7
如果该社区的产品或服务不够完善，我能够理解	1	2	3	4	5	6	7
如果我在该社区中有不满意的体验，我仍愿意继续留在该社区	1	2	3	4	5	6	7
如果我在该社区中有不满意的体验，我仍愿意继续支持该社区	1	2	3	4	5	6	7
	从不	很少	较少	不能确定	较多	很多	经常
如果有人破坏社区的规则，我会表示不满	1	2	3	4	5	6	7

如果有人破坏社区的规则，我会予以批评	1	2	3	4	5	6	7
如果其他成员出现影响社区秩序的行为，我会及时告知社区	1	2	3	4	5	6	7
如果其他成员出现影响社区秩序的行为，我会予以阻止	1	2	3	4	5	6	7

第三部分：虚拟社区与顾客关系质量调查

9. 下面问题是为了了解您对该虚拟社区的“整体满意”程度，请根据您的真实感受做答：

	非常不同意	比较不同意	有点不同意	不能确定	有点同意	比较同意	非常同意
与其他虚拟社区相比，我对该社区的服务是很满意的	1	2	3	4	5	6	7
从整体上说，我使用该社区服务的经历是愉快的	1	2	3	4	5	6	7
该社区提供的内容和服务达到了我的要求和标准	1	2	3	4	5	6	7

10. 下面问题是为了了解您对该社区的“信任”程度，请根据您的真实感受做答：

	非常不同意	比较不同意	有点不同意	不能确定	有点同意	比较同意	非常同意
我相信该社区有能力为社区成员提供所需要的服务	1	2	3	4	5	6	7
我相信该社区愿意主动了解社区成员的需要	1	2	3	4	5	6	7

我相信该社区不会损害社区成员的利益	1	2	3	4	5	6	7
整体上，我相信该社区是值得信赖的	1	2	3	4	5	6	7

11. 下面问题是为了了解您对该社区的“感知社区支持”，请根据您的真实感受做答：

	非常不同意	比较不同意	有点不同意	不能确定	有点同意	比较同意	非常同意
当我有要求时，该社区总是尽力给我提供帮助	1	2	3	4	5	6	7
该社区总是愿意倾听社区成员的反馈	1	2	3	4	5	6	7
该社区认为社区成员的贡献和反馈对社区非常有价值	1	2	3	4	5	6	7
该社区总是对社区成员的贡献和反馈行为表示感谢	1	2	3	4	5	6	7

第四部分：虚拟社区顾客公民行为动机调查

12. 下面是对您在该社区中行为的“互惠动机”的一些表述，请根据您的实际想法做答：

	非常不同意	比较不同意	有点不同意	不能确定	有点同意	比较同意	非常同意
当我对社区中其他成员的求助给予帮助时，我相信将来在我有需要时，其他成员也会向我提供帮助	1	2	3	4	5	6	7

当我将自己拥有的产品或服务信息、知识和经验等资源分享给社区中其他成员时，我认为其他成员也会将他们拥有的这些资源分享给我	1	2	3	4	5	6	7
当我对社区中其他成员的求助要求给予支持时，我相信其他成员也会对我的求助给予支持	1	2	3	4	5	6	7
当其他成员对我的求助给予回应时，我认为将来在其他成员求助时，我也应该给予回应	1	2	3	4	5	6	7
当我获得其他成员分享的产品或服务信息、知识和经验时，我觉得我也应该将自己拥有的这些资源与其他成员分享	1	2	3	4	5	6	7

13. 下面是对您在该社区中行为的“声誉动机”的一些表述，请根据您的实际想法做答：

	非常不同意	比较不同意	有点不同意	不能确定	有点同意	比较同意	非常同意
通过帮助、支持并与其他成员分享资源，我可以提高自己在社区中的地位和声誉	1	2	3	4	5	6	7
通过帮助、支持并与其他成员分享资源，我可以获得社区其他成员的认可和赞赏	1	2	3	4	5	6	7
通过帮助、支持并与其他成员分享资源，我可以获得社区其他成员的尊重	1	2	3	4	5	6	7

14. 下面是对您在该社区中行为的“兴趣动机”的一些表述，请根据您的实际想法做答：

	非常不同意	比较不同意	有点不同意	不能确定	有点同意	比较同意	非常同意
该社区讨论的主题是我的兴趣	1	2	3	4	5	6	7
我喜欢与该社区中与我有共同兴趣的人在一起交流	1	2	3	4	5	6	7
与社区中的其他成员分享我的兴趣令我很快乐	1	2	3	4	5	6	7
该社区讨论的主题正是我擅长的	1	2	3	4	5	6	7

15. 下面是对您在该社区中行为的“利他动机”的一些表述，请根据您的实际想法做答：

	非常不同意	比较不同意	有点不同意	不能确定	有点同意	比较同意	非常同意
我喜欢帮助其他人	1	2	3	4	5	6	7
帮助其他成员解决问题使我很有成就感	1	2	3	4	5	6	7
帮助社区里的其他成员使我感到快乐	1	2	3	4	5	6	7

第五部分：黏性倾向和自我效能感

16. 下面问题是为了了解您“继续使用该社区的意愿”，请根据您的实际感受做答：

	非常不同意	比较不同意	有点不同意	不能确定	有点同意	比较同意	非常同意
我打算继续使用该社区	1	2	3	4	5	6	7
如果有与社区讨论的产品或服务相关的需求的话，我会首先想到该社区	1	2	3	4	5	6	7

我打算延长待在该社区的时间	1	2	3	4	5	6	7
我会尽可能经常访问该社区	1	2	3	4	5	6	7
只要有时间，我就会访问该社区	1	2	3	4	5	6	7

17. 下面问题是为了了解您对自己“社区能力的信心”，请根据您的实际感受做答：

	非常不同意	比较不同意	有点不同意	不能确定	有点同意	比较同意	非常同意
我对自己使用社区工具编辑帖子、发帖的能力有信心	1	2	3	4	5	6	7
我对自己帮助其他社区成员的能力有信心	1	2	3	4	5	6	7
我对自己在社区讨论主题方面的知识、经验有信心	1	2	3	4	5	6	7

第六部分：消费者基本资料

以下部分是为了了解您的基本情况，仅供统计分析使用，请放心做答。

18. 您的性别　□男　□女

19. 您的年龄　□20岁以下　□21～29岁　□30～39岁　□40～49岁　□50～59岁　□60岁以上

20. 您的学历　□大专及以下　□本科生　□硕士　□博士

21. 您的月收入　□无收入　□2000元以下　□2000～3999元　□4000～5999元　□6000～7999元　□8000元及以上

22. 您的职业　□学生　□公务员　□教师　□公司职员　□专业技术人员　□私营业主　□工人　□其他